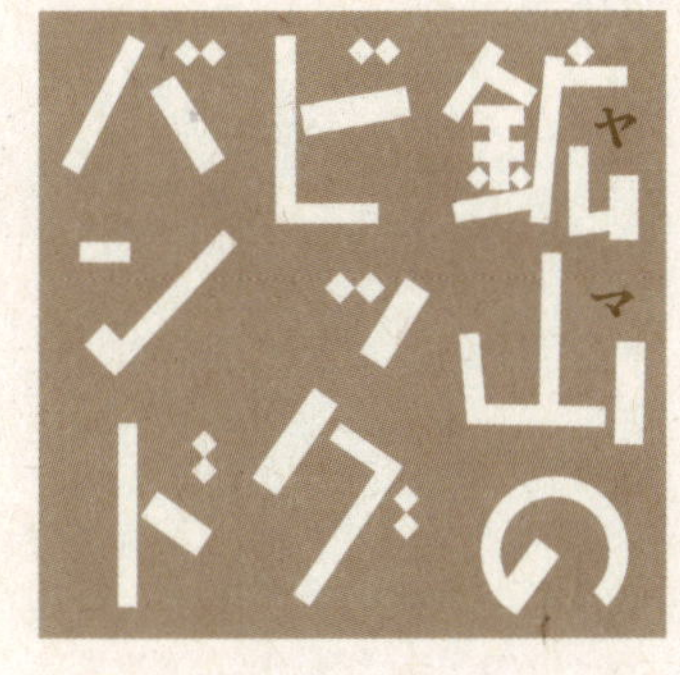

小田豊二

白水社

鉱山（ヤマ）のビッグバンド

装幀＝唐仁原教久
デザイン＝白村玲子（ＨＢスタジオ）

はじめに

昭和三十一年十二月三十一日、夜九時半、東京・有楽町の東京宝塚劇場では、華やかなステージが展開されていた。第七回紅白歌合戦である。

紅組の司会が宮田輝、白組は高橋圭三。舞台には、民謡歌手、鈴木正夫が上がり、賑やかな踊りとともに、「常磐炭坑節」がはじまった。

〽ハアー　朝も早よからヨー、カンテラ下げてナイ（ハ　ヤローヤッタナイ）

続いて、芸者姿の赤坂小梅が登場。これも鮮やかな衣裳の踊りの一団をバックに、「三池炭坑節」を歌いはじめた。

〽月がー出た出たー　月がー出たー（アー　ヨイヨイ）

観衆は、一斉に手拍子をとり、館内は沸きに沸いた。

これは、いま思えば、日本経済史のなかで、「鉱業」という産業が最盛期だったことを象徴する光景だった。紅白歌合戦で炭鉱の民謡が二曲続けて歌われ、踊られただけではない。この頃、九州の炭鉱関係者の一団が上京し、銀座のクラブやキャバレーに入ると、それまでジャズやワルツを演奏していた専属の楽団が、突然、トランペットの音色とともに、「炭坑節」を演奏したという話もよく聞く。九州の炭鉱王の登場は、日本一のお客様のご来店だったのである。

実は、この年、景気がよかったのは炭鉱だけではなかった。全国各地の鉱山でも好景気に沸いた。富山県と岐阜県の間に、亜鉛、鉛などを採掘する東洋一の鉱山があった。

三井金属鉱業神岡鉱山である。

高賃金を求めて全国から坑内労働者が集まり、海抜八〇〇メートルの山の上には、鉄筋コンクリート三階建ての社宅が立ち並び、そのアパートには電気・水道はもちろんのこと、家庭電化製品が揃い、なんと、トイレはすべて水洗だった。

そんな鉱山に、ラテン音楽を得意とする楽団があった。名を「神岡マイン・ニュー・アンサンブル」といった。

リーダーは、林正輝（まさてる）。メンバーは、二十数人の鉱山の坑内で働く従業員たちであった。トロッコで坑内奥の最前線まで行き、そこで削岩するトランペッターもいれば、坑内の爆発事故で片目を失ったテナーサックス奏者もいた。

ヘルメットを脱ぎ、顔の泥と油を拭き、手足と身体を共同浴場で洗い、ヒゲを剃り、髪を整え、白いタキシードに着替え、ステージ上で楽器を構えた彼らの技量は素晴らしく、中部地方の音楽祭で十三年連続して優秀賞を獲得している。

やがて、このビッグバンドは地元のみならず、東京、名古屋、大阪にまで呼ばれ、その演奏はNHKラジオの電波にも乗り、「鉱山（ヤマ）の楽団」として有名になった。

しかし、四十年も続いたこの鉱山労働者の楽団「神岡マイン・ニュー・アンサンブル」についての記録は、ほとんど残っていない。

誰が、何のために始めたのか、そして、いつ誕生し、いつ消滅したのか、天才と謳われたリーダーの林正輝とは何者だったのか……。

私は、戦後まもなくの日本経済を支えた「鉱業」という名の第二次産業の栄枯盛衰を、この鉱山の男たちの楽団の誕生とその消滅を通して見てみたかった。

彼らは、いったい、現代を生きる私たちに、何を伝え、何を残したのだろうか。

「鉱山の楽団」のあった神岡鉱山は、いま、「カミオカンデ」及び「スーパーカミオカンデ」で知られ、小柴昌俊、梶田隆章の連続ノーベル物理学賞受賞に沸いている。

目次

序章　カミオカンデ

「土」というバス停がある。

「ど」と読む。

岐阜県飛騨市神岡町から富山市へと下っていく国道四十一号線の県境付近。その先のトンネルをくぐれば富山県である。

この道を逆に富山のほうから上ってきたのが、鰤(ぶり)街道であった。

「天然のいけす」と言われる富山湾に面した富山港で水揚げされた鰤は、江戸時代から昭和初期まで、この道を通って飛騨高山から信州松本まで運ばれた。その昔、牛方や歩荷(ぼっか)の歩みを試算すると、富山から松本まで十七日間かかったといわれ、塩漬けにされた鰤一尾が米一俵に値したという記録が残されている。


阪下幸雄の運転する車は、「土」まで来ると、限界集落の案山子のような淋しげなバス停の脇を対向車のないのをいいことに一気に右折した。すると、道は急に狭い山路となり、国道から勢いよく外れたせいか、車が右に左に揺れた。

左は茶褐色の山壁であり、右下は深い谷で、眼下を川が流れていた。跡津川である。この川は、神岡町大多和に源を発し、深い断層に沿ってしばらく山を滑るように下ると、高原川に合流。その高原川はやがて神通川となって、富山平野を潤す。

車は、跡津川の流れとは逆に水源近くの間山谷や池ノ尾を目指すかのように、両肩を揺すりながら山道を登っていった。

ふと前方に、昔の社宅群の跡が見えた。いまは、壊れかけた家々に枯れた蔦が絡まり、あたりには鳥の声しか聞こえないが、昭和三十年代、鉱山が好景気に沸き返っていた頃、夕方になると、それぞれの家の煙突から煙が上がり、多くの子供たちの明るい声が山肌にこだましていたにちがいない。

朽ちかけた社宅跡を過ぎ、しばらく走ると、やがて、車は新しいプレハブの事務所の前で止まった。事務所の屋根の上には、神岡鉱業株式会社の社旗が、飛騨の青空の下で、翩翻とひるがえっていた。

阪下幸雄は、富山県出身。昭和四十年、三井金属鉱業神岡鉱業所に入社。現在、三井金属から分離独立した神岡鉱業の役員を務めている。

阪下は、運転席から降りると、事務所のなかに入っていき、作業着とヘルメットを無造作に私に渡し、「いま、鉱山部長が参りますから、着替えて待っていてください」と言った。

そこがスーパーカミオカンデの入口、神岡鉱山茂住坑跡津坑口であった。

神岡鉱山の歴史は古い。

室町から戦国時代にかけて、飛騨には三木、江馬、姉小路、広瀬、内ケ島といった豪族たちが群雄割拠していた。

当時は、金銀は軍資金や恩賞用として重視されていたため、彼らは、飛騨の金山、銀山を奪い合った。そうした豪族たちのなかでも、特に、三木氏と江馬氏との鉱山を巡る争いは激しかった。事実、戦国時代に入ると、上杉は三木を、武田は江馬を立てて、代理戦争を行ったほどである。

天正十年、江馬氏滅亡により、飛騨はいったん三木氏の天下となった。その三木氏を簡単に打ち破ったのが、美濃多治見生まれの金森長近であった。織田信長亡き後、豊臣秀吉に属した長近は、飛騨平定の命を受け、兵を進め、三木氏をあっと言う間に滅ぼし、飛騨の金山、銀山を手に入れた。

その後、長近は関ヶ原の戦いで東軍に与し、初代飛騨高山藩主になっている。

以来、飛騨の諸鉱山は相次いで開発され、いったん華やかな盛山期を迎える。その実質的な功労者は、地元に住んでいた鉱山師茂住宗貞である。元は、糸屋彦次郎宗貞と言ったが、金森氏に仕え、功績をあげたことにより、金森姓を賜り、金森宗貞と名乗った。しかし、家が茂住坑に近いため、まわりの人から、茂住宗貞とも言われるようになった。

宗貞は、十年かかって、茂住坑や和佐保坑といった飛騨の鉱山を次々と開発し、金銀を掘り当てた。鉱山を仕切った力を内外に見せつけるがごとく、宗貞の住居は高さ七尺の高楼を設け、その南、北、東に三つの門があり、その門をくぐると居宅があったというから豪華絢爛である。場所は、現在の茂住の金龍寺の地にあった。

しかし、その後、金森長近が京都で亡くなると、それを知った宗貞はわが家に火をつけ、越中に逃げたと記録にある。奢侈な生活ぶりから、虎の威を借る狐と、他の武将から激しい反感を持たれていたからであった。

金森長近の死と茂住宗貞の失脚によって、飛騨の鉱山史はここでいったん幕を閉じ、そこから時代は一気に明治に移る。

なぜ、飛騨の鉱山史がそこで途切れたか。飛騨の鉱山から、金や銀が出なくなったからである。それでも、江戸時代、山師たちは一攫千金を狙って、この地に資金を投入したが、すべて徒労に終わった。

そうした山師たちに鉱山開発資金を貸与したのが、のちの三井銀行となる三井組である。三井組は、伊勢松阪の商人三井高利が延宝元年、京都と江戸に呉服店を開業、その後、江戸に両替店を開いて幕府の為替御用方となり、江戸を代表する豪商となった。

その三井組は、明治六年に飛騨高山に、明治七年に同じく飛騨の船津に出張所を出し、山師たちの負債の代償として、鉱山を手に入れ、労働者を雇い、金銀ではなく、亜鉛、鉛などの金属を採掘した。これが三井組神岡鉱山創業の嚆矢である。

神岡鉱業株式会社創業百四十周年の資料によれば、「明治七年、三井組が有巣利十郎から蛇腹平鉱山一番坑、取切鉱山（漆山）東十三番坑を家屋敷土蔵と共に取得し鉱山経営開始」とある。有巣とは何者か不明だが、債務者のひとりであったにちがいない。

その後、三井組は莫大な資金投入により、次々と鉱区を拡げ、明治二十二年に、ついにこの神岡鉱山一帯の統合を実現したのであった。この間、近代的な工法を西洋から積極的に導入、主要な坑道の整備、排水や運搬の改善を行った結果、亜鉛や鉛の生産量は飛躍的に増大した。そして、明治四十四年には、三井鉱山株式会社が設立された。

この三井鉱山が戦後、三井金属鉱業となり、現在の神岡鉱業となっているのである。

金森長近が、そして、茂住宗貞が力を尽くし、その後、明治に入り、三井組が買い求めた神岡鉱山のひとつ、茂住坑が目の前に大きな孔を開けて、いま、私を呼んでいた。

神岡鉱業株式会社取締役鉱山部長、中川哲夫の手には、縮尺二万分の一の「神岡鉱山茂住坑の全体平面図」と「茂住坑濁水処理系統図」が握られていた。

そして、事務所内の机の上に、その地図は広げられた。

地図には、坑内に走る坑道の方向と距離、そして、スーパーカミオカンデを含む坑内の研究施設の位置と専用区域、さらには、どの坑道が共用坑道で、どの坑道が専用坑道かが細かく描かれていた。

「この丸くて黄色い部分が、スーパーカミオカンデですね」

中川の指が、全体平面図の中央に小さく囲まれている円を指した。爪で隠れたその部分には、ルーペを当てなければ見えないような細かな字で「スーパーカミオカンデ」と書かれていた。

「ここに行くには、この坑道を走ります」

中川の太い指がなぞった直線は青色だった。青い線は、共用坑道である。そして、かなり進んでいくと東京大学の専用区域に入る。その専用区域内に入るには、部外者は事前の許可がいる。その区域内は、中川も阪下も、もちろん私も普通は入ることは許されない。

鉱山は、神岡鉱業のものでも、坑内には各研究施設の専用区域がいくつもあることに驚いた。言い換えれば、神岡鉱山茂住坑内は、各種の地下実験の閉ざされた博覧会場、最新実験施設のパビリオンのようであった。

どんな施設が茂住坑のなかにあるか、わかったものだけでも、挙げておく。

スーパーカミオカンデ（東京大学）、カムランド（東北大学）、ＣＬＩＯ（東京大学）、宇宙の二十七パーセントを占める暗黒物質を検出しようとするＸＭＡＳＳ実験（東京大学）、二重ベータ崩壊の研究を通して高い感度でニュートリノ質量の測定を目指すCANDLES実験（大阪大学）。

現在建設中の実験施設には、重力波の観測によってブラックホールの様子や宇宙初期の姿を知るための重力波天文学の創生を目指す大型低温重力波望遠鏡KAGRA（東京大学）。今後予定されている実験施設として、スーパーカミオカンデの後継施設としてのハイパーカミオカンデ（東京大学）のプロジェクトも検討されている。

さらには、神岡鉱業が設置した「天狗の団扇」発電所までが、茂住坑のなかにあった。

なぜ、この神岡鉱山にこれほど多くの研究施設や実験施設が存在するのか。

その理由は、この山が飛騨片麻岩という硬い岩盤でできていて、強度、剛性、耐震性、恒温性、遮音性、隔離性などから地下研究施設に最適だということが判明し、さらに、その適合性が小柴昌俊教授のカミオカンデ建設によるノーベル物理学賞受賞で立証されたからである。


「じゃ、とにかく坑内に入ってみましょうか」

作業服にヘルメット姿の私は、四駆に乗り換えた。運転は、中川に替わった。

「坑内は、別の運転免許がいるんですよ。東大の先生方も、普通免許のほかに、きちんと特別な実地の試験に通らないと、坑内は運転できないんです」

四駆車は、ライトをつけながら、静かに坑内に入った。夏の昼間といえども、寒い。坑内は平均十三度。風の強い日は、十度になり、坑内の休憩所では真夏でも温熱器が欠かせないという。

たしかに坑道は狭いし、暗い。時々、街灯のように煌く灯りが見える。その灯りの周囲は少し広くなっていて、すれちがう車のための待機スペースとなっていた。

車は共用坑道を一八〇〇メートル直進した。いや、坑内では直進と言わない。「水平に一八〇〇メートル進む」という。

この坑内に、「陽子崩壊」の実証と、ニュートリノ観測のために、東大宇宙線研究所によって実験施設カミオカンデが建設されたのは、いまから三十数年前の昭和五十八年のことであった。

カミオカンデという名前は、KAMIOKA（神岡）、Nucleon（陽子と中性子の総称）、Decay（崩壊）、Experiment（実験）から取ったもので、当時東京大学教授だった小柴昌俊が命名した。

カミオカンデは、地表から一〇〇〇メートル下の鉱山の坑道に設置された直径約一六メートル、高さ約一六メートルの鉄製の水槽に「純水（不純物を取り除いた透明度の高い水）」を三〇〇〇トン蓄えた装置であった。

当時、太陽から飛び出すニュートリノを観測するこうした地下実験はすでに世界的な潮流で、アメリカでは、地下一五〇〇メートル、南アフリカでは地下三二〇〇メートル、インドでは地下二三〇〇メートルで行われていた。地下をこれほど掘るには莫大な費用がかかる。東京大学では、それほどの予算がとれるはずもなかった。しかし、世界に先駆けた研究成果を出すためには、どうしても地下の実験室が必要だった。

そこで、小柴教授は、標高一〇〇〇メートル以上の山の中腹からほぼ水平に入っていき、山頂の真下で実験すれば、地下一〇〇〇メートル下まで掘り進むのと事実上変わらない実験施設ができると考えたのであった。これなら、予算もそれほどかからないし、水平に入っていくことで心理的にも安心できるからであったという。

そして、当時、採鉱を縮小していた神岡鉱山の再利用を提案し、三井金属鉱業株式会社と交渉の末、標高一三六八・七メートルの池ノ山の真下に地下実験施設を作ることを決めたのである。

平成二十七年に「ニュートリノが質量を持つことを示すニュートリノ振動の発見」でノーベル物理学賞を受賞した東京大学宇宙線研究所所長、梶田隆章は、当時の様子をこう記している。

カミオカンデの建設が現地の神岡で本格的に始まったのは、1983年の3月頃からだと記憶しています。装置を設置する空洞は、当時神岡鉱山を所有していた三井金属鉱業（現神岡鉱業）が掘りました。その後、鋼板で水槽が建設されました。それから陽子が崩壊した時に出るチェレンコフ光を検出するための光電子増倍管を、水槽の内側に取りつけていきます。

まず、底面と底面からアクセスできる側面の下から二段目までの取りつけが始まりました。一部をこの作業のために雇った方にお願いしたものの、作業の多くは研究者と大学院学生の総勢10人以下で行われました。（中略）

当時、入坑するには鉱山のトロッコに同乗するしかなく、朝の7時10分あるいは7時20分坑口発の便で入坑しました。出坑は、鉱山の人たちは15時18分あたりのトロッコですが、私たちは早くて16時18分、だいたいの場合は17時08分だったと思います。（梶田隆章『ニュートリノで探る宇宙と素粒子』平凡社）

昔から、神岡鉱山で働く労働者たちは三交代制で、「一（いち）の方（かた）」は朝七時から午後三時まで、「二の方」は午後三時から夜十一時まで、そして「三の方」は夜十一時から朝七時までだったから、東大の研究員たちもそのスケジュールで動かないと、坑内に入れなかったことがよくわかる。もちろん、いまは、共用坑道を車で走れるので、出入りは自由である。

この時、梶田は東大の大学院生で、毎日、トロッコで通いながらも、この装置の建設に立ち会ったことが研究者として、またとない貴重な経験であったと、この著書のなかで述べているのが、印象的であった。

この実験装置が完成し、紆余曲折があったのち、小柴教授が「天体物理学とくに宇宙ニュートリノの検出に対するパイオニア的貢献」によりノーベル物理学賞を受賞したのは平成十四年のことだから、カミオカンデ完成からなんと十九年の歳月が流れていたのである。


車は、そのカミオカンデのあったところを通過した。

ここはいま、東北大学大学院理学研究科附属ニュートリノ科学研究センターという長い名前の研究施設になっており、別名、カムランドと呼ばれ、ここでは、カミオカンデやスーパーカミオカンデとは異なる検出方法で、よりエネルギーの低いニュートリノを検出している。

車は、東大宇宙線研究所の専用区域に入り、止まった。

「ここがスーパーカミオカンデの出入口です。勝手になかには入れませんので、車を降りてちょっとお待ち下さい」

神岡鉱業の中川鉱山部長は、そう言って運転席から飛び降りると、「東京大学宇宙線研究所　神岡宇宙素粒子研究施設」と書かれた事務所のなかに入って行った。

スーパーカミオカンデの入口には、世界中からこの地下実験施設までやってきた研究者のサインとその言葉が自筆で書かれていた。

スーパーカミオカンデは、カミオカンデと同じ鉱山のなかの二〇〇メートルほど離れたところに建設された。

地下の空洞は巨大で、直径が約四二メートル、高さは最大五八メートルであった。カミオカンデが直径約一六メートル、高さも約一六メートルの水槽のなかに、純水三〇〇〇トンを蓄えたのに対し、このスーパーカミオカンデは、岩壁にステンレスの板を貼りつけ、なんと五万トンの水槽をつくった。

このスーパーカミオカンデの完成によって、平成八年から大量のニュートリノの観測データが得られ、その結果、梶田教授のノーベル賞につながったのである。


一時間後、私は再び、夏の青空の下、阪下幸雄の車のなかにいた。

車は、「土」のバス停を今度は左折し、国道四十一号線を神岡の町を目指して登っていく。鍋谷、漆山、割石温泉口、神岡鉱山口……。誰も待っていないバス停を、車は次々と通り過ぎた。

阪下はまっすぐ前を向いて運転している。対向車はほとんどない。

「阪下さんが入社された頃の神岡鉱山は、どうだったんですか?」

緊張がほぐれた私は、何気なく、阪下に尋ねた。阪下は、耳だけ私に貸すように、首を傾けながら、こう言った。

「栃洞(とちぼら)は、すごかったですよ」

「栃洞?」

「いま行ったところが茂住坑でしょう。同じ神岡鉱山に栃洞坑というのが、山の中にありましてね。ここは、とてもにぎわっていましたね。いまは何もない廃墟ですけど、いやあ、僕が入社する前の昭和三十年代は特にすごかったたって聞いています。天空の楽園だったたって聞いたことがありますよ。ダンスパーティーとかあって」

「阪下さんも踊りましたか？」

「僕は、下の町ですから。でも、神岡会館でダンスはよくやりました。結婚する前ですけどね」

それにしても、山の中で、男も女も盛装して参加する鉱山のダンスパーティーとは、いったいどんなものだったのだろう。

約束通り、飛騨市民病院のバス停前で、車は正確に止まった。

「はい、着きました。僕が若い頃、ダンスを踊った神岡会館は、あそこ。こっちのスーパーがもと鉱山の体育館で、東京オリンピックで活躍したバレーチーム、東洋の魔女たちが公開練習にきたって、聞きましたよ」

阪下が指差す先には、新しく大きな薬局とスーパーマーケットがあった。この町がかつて鉱山の町として栄えた名残はすでに何もなかった。

「僕はこれからまた会社に戻りますから。何かありましたら、遠慮なく言ってください」

阪下は、そう言って、再び来た道を戻って行った。

私は、去っていく車のなかの阪下の後ろ姿に深々と頭を下げると、東町に借りている小部屋に戻り、東京から持ってきた取材ノートを開いた。そして、この日のスーパーカミオカンデ見学の成果を書き記そうと、ペンを手にしたその時、一枚の古い新聞の切り抜きが目の前に落ちた。

「ルポ　'92ぎふ　今冬までに全員下山」という記事だった。脇に「消える鉱山の町、栃洞」とあった。

すでに、紙はセピア色になっている。いつか、役に立つかもしれないと大事にしていた資料のひとつだったが、ほとんど忘れかけていた。どの新聞で、いつの記事かもわからない。それは、ただ、きれいに四角く切り抜かれてあった。自分で切り抜いたならば、どこかに新聞名と日付は入れておくから、誰かから送られてきたものかもしれない。その記憶もなかった。

'92ということは、一九九二年。平成四年、いまから二十四年前の新聞だ。それは、こんな書き出しで始まっていた——。

神岡町中心部から北に望む二十五山の中腹を目指して山道を十一キロ余——標高八百五十メートル（原文のまま）の一帯を切り開いた地に、無人の家屋群が立ち並ぶ。

一部は崩壊。あちこちは深い雑草に覆われる。かつて「不況知らずの町」とまで言われた鉱山の町で、象徴的存在だった典型的鉱業集落・栃洞の終わりの姿だ。現在も集落内の前平地区に七世帯十人が暮らすが、うち四世帯は独居。高齢の不安などから、今冬までに集団で「ヤマ」を下りる相談がほぼまとまった。「こんな日が来るとは思わなかった。夢みたいだ」と老女がつぶやいた。一世紀を超えて存続した生活の場が消える。

そして、本文に入り、かつての町の華やかさを伝えている。

神岡鉱山は明治七年に三井組が買収し、東洋一の亜鉛、鉛を生産するヤマとして本格的に動き出した。最盛期の昭和三十年前後には、主要坑口のある栃洞だけで八百世帯四千人が暮らし、集落膨張に合わせて商業者も増えた。

劇場、病院、郵便局、銀行——と「銀座」ができ、神社、寺院まであった。現地の栃洞小中学校に通う子供は、ピーク時には実に千八十六人と、県内有数のマンモス校だった。

夜間に光る社宅の窓の明かりは「天の川」と呼ばれるほどで、住む者の誇り、自慢であった。


いまは、カミオカンデ、スーパーカミオカンデ一色に染まっている神岡鉱山が、五十年前には本業の鉱山として繁栄を謳歌していた。

劇場とあるからには、映画や演劇、さらにはショーも行われたのだろう。千人以上の子供たちが通う学校の運動会はさぞ賑やかだっただろう。神社のお祭りもあったにちがいない。夏の盆踊りは、どんなだったのか。そういえば、ダンスパーティーがあったと言っていた。

若い男女が多数いれば、そこには熱く激しい恋もあれば、哀しい別れもあったであろう。

傷心のまま、人知れず、山を下りた若者もいたかもしれない。その一方で、頬を赤らめながら、麓から上がってきた娘もいた。

結婚式を盛大に祝う宴は、いったいどこで行われたのだろう。

「鉱山の花嫁」の夢は、何だったのだろうか。

男たちによって、次々と歌われる野太い声の祝い唄が、山間に流れていく。

やがて、年が明け、遅い春が来て、山桜が満開になり、散り始めた頃、子供の誕生の知らせがトロッコに乗って伝わると、坑内に時ならぬ歓声が上がり、拍手がこだました……。

そこには、当時、東洋一を誇る鉱山の町にいた四千人の住民のそれぞれの物語がきっとあったにちがいない。

私は、古い新聞記事をテーブルに置くと、「天空の楽園」――阪下の言う昭和三十年代の梼洞に、しばらく思いを馳せていた。

第一章　夢か、栃洞

飛騨山脈は、富山、岐阜、長野、そして一部新潟に跨り連なる山脈である。その最高峰は、標高三一九〇メートルの奥穂高岳で、富士山、北岳に次ぐわが国三番目に高い山である。この山から西穂高の稜線を抜ければ、焼岳、乗鞍岳へと続く。

通称、北アルプス。

これに、木曽山脈と赤石山脈を加えると、「日本アルプス」と呼ばれる。

日本の背骨とも呼ばれるこれらの山脈を総称して、「日本アルプス」と命名したのは、イギリスの冶金技師、ウイリアム・ゴーランドであった。

ゴーランドは、イギリス北東部の港湾都市サンダーランド出身で、王立化学学校、王立鉱山学校を卒業後、明治政府に招かれ、十六年間に亘って、大阪造幣寮（のち、造幣局となる）において、日本に冶金技術を伝え続けた。

また、彼自身は登山家でもあり、飛騨山脈、木曽山脈、赤石山脈を詳しく調査し、アーネスト・サトウらの編纂による『明治日本国旅行案内』（A Handbook for Travellers in central & northern Japan）のなかで、それらの山々を'Japanese Alps'と表現している。

栃洞は、この日本アルプスのひとつ飛騨山脈の奥深く、標高一一五三メートルの二十五山（にじゅうごやま）の山腹に位置し、ゴーランドが踏破するはるか以前から、鉱山として栄えた地域であった。

亜鉛や鉛を産出する栃洞の鉱床群をその懐に抱く二十五山は、その昔、一寸先も見えない濃霧で恐れられた山で、伝説ではこの山に立ち入った村人たちは、霧で誰もが行き場を失ったため、以後、修験僧以外、命惜しさに人っこひとり、この山中に入ろうとしなかったという。

たまたま飛騨を行脚していた美濃の僧、円空は五代将軍徳川綱吉の時代、元禄三年、修行のためにこの山に入り、仏に祈った。すると、一瞬、霧が晴れ、急いで山を数えると二十五の峰が見えた。しかし、再び、霧に閉ざされ、晴れることはなかった。

そこで、円空が二十五体の菩薩像を鉈で彫り刻み、お堂に納め読経を続けると、霧が消え人が山に自由に入れるようになった。以来、いつしかこの山を、円空にちなんで人々は二十五山と呼んだ。

三井金属鉱業神岡鉱業所のある栃洞は、そんな伝説の山の中腹にあった。

標高は約八〇〇メートル。はるか谷底には高原川が曲がった青い糸のように流れ、その流域に拡がる神岡の町が花模様の小さな扇に見えた。季節によっては、一面の雲海で、その谷が見えなくなることもあった。

三井金属の栃洞坑で働く人のほとんどは、そんな高地の山中の従業員社宅に住んでいた。

長屋形式の木造の社宅は急峻な山道に沿って階段状に建っていた。坂道に家を建てるため、土台を水平に保つ見事な石積みがなされ、それぞれの家は、その石垣の上に建てられていた。陽が沈む頃になると、夕映えのなか、石垣の影が美しい文様を描いた。

栃洞坑に勤務する労働者の社宅は、さまざまだった。鉱山病院に通う医師たちが住む立派な一戸建てからはじまり、二軒長屋もあれば、三軒長屋、四軒長屋、大きな建物では二階建ての六軒長屋もあり、さらには鉄筋三階建ての団地形式の社宅や独身寮、女子寮もあった。

栃洞の集落は、北から通洞（つうどう）、前平（まえびら）、南平（みなみひら）、そして、西の泉平（いずみひら）の四地区に分かれ、朝鮮動乱の特需直後の昭和二十七年には、社宅全体で、八百十二戸、三千七百十三名が住んでいたという記録が残されている。

その他、私宅もかなり存在した。これらの家々は、先祖代々、この地で暮らしてきた人々の家であった。しかし、私宅といえども、鉱山とまったく無関係の家は少ない。そのほとんどの家で、家族の誰かが鉱山に勤めていた。その私宅も含めれば、栃洞の人口は、約四千名であった。

まさに、山全体が、鉱山の町であった。

夏の夜ともなると、漆黒の山の中腹の八百以上にも及ぶ住宅の灯りが一斉に黄金色に灯れば、麓の町神岡からは、標高八〇〇メートルの鉱山の町、栃洞が「天の川」のように美しく輝いて見えたであろう。まさに、「天空の楽園」である。

しかし、もっと驚くべきことがあった。

それは、それらの社宅に住む多くの人たちが、下界に住む人たちに比べて、何倍も豊かな生活を送っていたという事実であった。実際、鉱山での生活は、一般の人の想像をはるかに超えるほど、裕福だったのである。

たとえば、三井金属鉱業が全盛期を迎えた昭和三十年代、当時、世間で「三種の神器」と呼ばれていたテレビ、洗濯機、冷蔵庫も、さらには、電気釜もトースターも、この地では当然のように多くの家庭が有していたし、通洞地区に建てられた鉄筋三階建ての新しい社宅には、どこよりも早く水洗トイレが完備されていた。

特に、テレビは早かった。

テレビは、松下電器（現・パナソニック）が販路拡張のため、数百台まとめて購入すれば、急峻な山間でも映像が届くようにアンテナを立てるという契約で三井金属と交渉が成立し、ケーブルで各家庭に配線され、本来なら映像が映らない険しい山中でありながら、昭和三十二年から三十三年にかけて、栃洞の約八百戸のほとんどの家庭で、白黒テレビが見られるようになった。

テレビの歴史を振り返ると、NHKがテレビ放送を開始したのが昭和二十八年の二月である。そして、同じ年の八月に民放が続いた。松下電器の一七インチの白黒テレビが誕生したのは、その一年前の昭和二十七年。その価格は二十九万円。当時の大卒のサラリーマンの初任給が一万円未満だったことからすれば、かなり高価であったことは明らかである。

一般にテレビの普及は、昭和三十四年四月十日の皇太子（現・今上天皇）の結婚式のパレードがきっかけだと言われているが、その時点でも、テレビの価格は六万円から七万円であり、普及率は二十四パーセント弱、四世帯に一台である。

そう考えると、すでにその一年前に、この山奥のほとんどの家庭でテレビを見ることができたのだから、昭和三十三年の栃洞のテレビの普及率は全国一だったかもしれない。

その当時は、東京でも一部、裕福な家庭でしか見ることができず、子供たちはテレビ番組を見たければ、友だちの家にあがらせてもらって見るしかなかった。

俳優の柄本明は、私の質問に、当時の様子をこう述べている。

テレビ？　テレビなんか僕の家にはもちろんないですよ。あの当時、テレビがある家なんか、めずらしいくらいですよ。

でも、見たいですよね。そうすると、テレビのある友だちの家に行って、見せてもらうんです。当時はみんなそうでしたよ。

だから、逆に、テレビのある家は大変。だって、近所の子供たちがぞろぞろ家のなかに入ってくるし、夏なんか窓を開けておくと、そこからも大人たちがのぞいているんですからね。そう、立ち見ですよ。（中略）

あと、テレビ番組で忘れられないのは、『ポパイ』ですね。そう、あの「ポパイ・ザ・セーラーマン」のポパイ。ええ、ほうれんそうを食べると強くなる。それから、オリーブって女の子がいて。僕はね、その『ポパイ』のテレビ漫画を見るのが大好きで、毎週、放映時間になると、友だちの家に出かけて行っては見せてもらっていたんですね。

ところがある夜、大人が勝手にチャンネルをかえちゃったんです。何の番組にかえられちゃったのかな。よく覚えていないけど、『怪傑ゾロ』だったんじゃないかと思いますよ。

それが悔しくてねえ。いや、笑いますけどね、子供って、そういうことが本当に悔しいんですよ。そういう経験、皆さんもあるでしょ。

それで、子供心にも決心したんです。「僕は、大人になっても漫画を絶対見続けてやるんだ」って。（柄本明『東京の俳優』聞き書き小田豊二　集英社）

柄本明は、昭和二十三年、東京の聖路加病院で生まれ、銀座で育っているから、まさに、この話は、昭和三十二年から三十三年くらいの東京での話である。

それに対し、当時の栃洞の同じ年頃の子供たちは、自分の家で悠々と「ポパイ」や「月光仮面」、「名犬ラッシー」に一喜一憂し、大人たちは「バス通り裏」や「事件記者」、そして、大晦日には「紅白歌合戦」を見ていたことになる。

ちなみに、飛騨の山奥の鉱山、栃洞にテレビが普及した昭和三十三年の「紅白歌合戦」のトップバッターは、白組が岡本敦郎、紅組が荒井恵子、トリは三橋美智也と美空ひばり、初出場は神戸一郎、三波春夫、ダークダックス、藤本二三代、神楽坂浮子、石井好子ら。そして、司会が高橋圭三アナウンサーと黒柳徹子であった。

日本全国で四、五世帯に一世帯しかテレビが普及していない時代に、飛騨の山中では、ほとんどの家がテレビを囲んでの家族団欒の豊かな年末を過ごしていたのである。

もちろん、テレビの購入代金は、各家庭で支払った。それだけでも、当時の鉱山労働者の高収入ぶりが手に取るようにわかるというものである。

また、水洗に至っては、とてつもなく早かった。

日本住宅公団が洋風便器を採用し、水洗トイレの普及のきっかけを作ったのが昭和三十四年、それが一般家庭まで広がったのが、昭和四十年以降というのが水洗トイレの歴史の定説だから、都会よりはるかに早く、鉱山の社宅に水洗が完備されていたと言っても決して過言ではない。

五木寛之の名作『青春の門』に代表されるように、一般に、鉱山や炭鉱に働く労働者の社宅での生活といえば、ある種、特有な生活の厳しさや悲惨さを感じさせるのだが、この栃洞は、それとは明らかにちがった。

したがって、私たちが子供の頃、映画やテレビで垣間見たアメリカ人たちの生活に憧れたように、その頃の麓の神岡町の人々から見れば、夢のような暮らしが山の上、この栃洞で展開されていた。まさに、「夢か、栃洞」だったのである。

当時の思い出を、神岡鉱山に勤務し、いまでも栃洞に住んでいる中田廣治は、こう記している。

みんなの住居は会社の社宅で、家賃、電気、水道、燃料代すべて無料、その上、父さんの稼ぎも通常の一・五倍から二倍と多く、隣りでテレビが入ると隣りもテレビを購入、洗濯機が入れば洗濯機購入、掃除機が入ると掃除機と、あの時代、神岡の町の中でもあまり普及していない電化製品がほとんどの家にあったのです。

また、食料品もあの時代には珍しく、新鮮な魚、野菜、肉類、必要なものはすべて揃いました。会社の福利厚生も充実していて、芸能、興行、映画、神岡の町の中では子供は映画を観ることはできなくても、(ここでは)自由に見られましたし、学校で引率しての映画鑑賞、特に記憶に残っているのは佐田啓二主演の『喜びも悲しみも幾歳月』。あの悲しい映画は、いまでも記憶から消えません。

芸能人では、美空ひばり以外のほとんどの歌手が来演し、昼、夜二回の公演があり、昼間は楽団員と会社の野球部の試合を見たのが楽しい思い出です。

中田廣治は柄本明の一年上の昭和二十二年生まれ。さらに、松竹映画『喜びも悲しみも幾歳月』の封切は昭和三十二年だから、この話もまた昭和三十年代の思い出であろう。

給料も高かった。でも、家賃は無料だった。電気代、水道代が完全に無料だったか確認はとれないが、時代に先駆けて、各家庭にはテレビもあった。洗濯機も、掃除機もあった。さらに、鉱山労働者に対する三井金属鉱業の福利厚生政策は素晴らしく、ひと月に洋画四本、邦画四本の映画はもちろん、美空ひばり以外すべてが来たという芸能人の公演が無料で見られた……と、中田は書いている。

ちなみに、映画は東京や名古屋で封切られて一、二週間後には、栃洞で見ることができたというから、たいしたものである。

中田の文章を読んでも、栃洞の鉱山で働いていた人たちとその家族は、昭和三十年代、明らかに時代の先端を行く、かなりよい生活を送っていたようである。

飛騨山脈の奥深く、海抜八〇〇メートルの山のなかの鉱山で働く人たちとその家族が、実際、いったいどんな素晴らしい暮らしを送っていたのか。俄然、興味を抱いた私は、早速、いまや廃墟と化した栃洞へ向かった。

「このあたりから、前平銀座と呼ばれる商店街だったんですよ」

元警視庁警察官の織原進は、そう言いながら、いまでは、まわりに雑草以外何もない山の道を案内してくれた。

前平とは、栃洞の中心街である。駐在所、消防署、病院、信用金庫、浴場、マーケット、保育園、小学校、中学校、鉱山高校があり、その中央に、賑やかな商店街があった。

私を案内してくれた織原進は、昭和二十六年四月十九日、三井金属鉱業神岡鉱業所栃洞坑で働く鉱山労働者、織原徳、とし子の長男として、栃洞の南平の社宅で生まれた。栃洞の小中学校を出て、神岡工業高校を卒業後、東京に出て、警視庁に入り、任警部補で退官し、現在は、東京に住んでいる。

織原の両親は、ともに長野県の出身。終戦で復員後、荷物や食料を運搬する担ぎ屋として、東京と地方を行き来していた父、徳が、たまたま富山で「飛騨の山奥に、家付きでいい仕事がある」と聞き、昭和二十一年にこの栃洞にやってきたという。昭和二十二年、二十四年に、この栃洞で、まさ子、都(みやこ)という織原進のふたりの姉が、そして、昭和二十七年に妹、綾子が生まれている。

織原の父、徳の郷里はたまたま長野であったが、当時、栃洞の社宅に住んでいた多くの戸主たちの出身地は、さまざまであった。ということは、織原の父がそうであったように、彼らもまた戦後、仕事を求めて全国からこの栃洞に集まってきたにちがいない。

ここに、それを裏付ける文章がある。

やはり、栃洞の社宅に住んでいた元従業員で、新潟県中蒲原郡生まれの木村健次は、栃洞にやってきた経緯を、こう記している。

指導農場が閉鎖と決定した以上、郷里にとどまっていつまでも漫然と日を送るわけにゆかず、私は新しい職場を求めて新津職業紹介所を訪ねた。

私の希望は、当時政府の助成をうけて一般のサラリーマンと比べてかなり高い給料で優遇されていた石炭鉱山に就職することだったので、紹介所を通じて福島県の常磐炭鉱の適性検査を受けた。ところが身体検査の結果、視力が落ちているという理由で不合格になってしまった。おそらく先方としては、もっと若くて体力のある人材を期待していたのだろうと考えた私は、その足で北海道に渡り、三笠炭鉱の入社試験を受けてみたが、ここでも不合格と認定されてしまった。

体格こそ小さいが、若い頃から健康と体力だけは密かに自信を持っていた私にとって立て続けに二ヵ所の検査で不合格となったことは、大きなショックだったが、手ぶらで帰るのもシャクだったので、石炭鉱山への就職は諦めて郷里の近くで他に適当な仕事を探してみるつもりで、もう一度、新津の職業紹介所を訪問した。

この時にお会いしたのが、ちょうど従業員募集のために来られていた三井金属神岡鉱業所人事課の葛谷峰造氏だった。

私の希望と経歴を聞かれた葛谷氏は、

「あなたのように北海道の静狩金山や内地の赤谷鉱山、さらに終戦まで我国最大だった釜石鉱業所にお勤めの方ならば、我社でも諸手を挙げてお迎えいたします。今からでも御家族お揃いでおいでください」

と、言われ、「なるべく早く、神岡に参りますので、その節はよろしくお願いします」と、握手を交わしてお別れした。（木村健次『雪の中の案山子——泣き笑いの七十五年』）

この本は、三井金属鉱業が経営する鉱山高校を卒業後、神岡鉱業所に勤務した木村健郎が、同じく神岡鉱山栃洞坑に勤めていた父親の書き残した原稿をまとめた作品である。

木村健郎は、序文にこう書いている。

> そのカカシは、雪に被われた広い水田の中に、身につけた蓑と笠にもうっすらと白い雪を乗せた姿で、不思議な存在感を持ってポツンと立っていた。
>
> カカシは、白一色の原っぱとなった水田を吹き渡る冷たい風をまともに受けて揺らぎながらも、

頼りなさそうな一本足で必死に頑張っていた。

おそらく稲の刈り取りを終えたとき、取り込むのを忘れられたままになっているのだろうが、カカシにとっては、そこに立っていることが自分に課せられた使命だと思っているかのようだった。その姿は滑稽で哀れだったが、見方によっては誇り高く雄々しくも見え、詩的な叙情も漂わせてもいた。

私には、波乱万丈だった父の生きざまが、この雪の中に立つカカシの姿とダブって見えた。


木村健次は、昭和六十二年、急性心不全のため、七十九歳で亡くなっているが、この文章にあるように、戦争直後、神岡の三井鉱山は、人手不足を解消するべく、人事課の社員を岐阜県内はもちろん、近隣の富山、福井、新潟、石川、長野に派遣し、労働者を集めたのである。


栃洞出身で、元警視庁警察官の織原進は、まるで事件の捜査を説明するかのように、何も残っていない、単なる空地を指差しながら、案内を続けた。

「えーと、ここが駐在所があったところですね。ええ、そうです。警察ですね。はい、ここから、栃洞のメインストリート。思い出すままに言いますとね、学校に向かって左側に山田豆腐店がありました。たしか、お姉さんが洋裁をやってましたね。その隣がおじいさん、おばあさんがやっていたお菓子屋さん、中林さんと言ったかな。で、道路を挟んで、その前が鈴木理髪店。姉の同級生がいました。床屋の隣に水屋があって、お母さんたちが洗濯をしてましたね」

家の形も何も残っていない山道だが、かつて五十年前、まだ子供の頃に多くの住民たちが行き交った「鉱山(ヤマ)の繁華街」が彼の目にははっきりと映っていたにちがいない。

織原が描いてくれた地図を見ながら、昔の商店街にあった店を記しておこう。

駐在所の並びの大坪食料品店、共同浴場、学生服から化粧品まで何でも売っている田口雑貨店は、神岡にある店の支店だった。同じ田口という苗字の菓子店があった。ここは中華そば屋でもあったし、今川焼きも売っていた。そして、栃洞の文化の中心、巣之内書店、巣之内書店のおじちゃん、巣之内武は隣の神岡信用金庫も任されていた。私が持っていたセピア色の新聞の切り抜き記事に「銀行」とあったのは、この信用金庫にちがいない。

その反対側には白樺という名の喫茶店があった。この店の主人山崎久三は大変な新しもの好きで、流行ると思えば、肉屋にもなったし、アイスキャンディも売った。喫茶店をやめたあとは、和佐保というところで温泉宿を経営していたという。

田口菓子店と巣之内書店の間を入っていくと、田中美容院があり、郵便局があり、隣が履物屋、その前がそろばん塾であった。その奥を進めば、上級職員の社宅のある、柏豆(かしまめ)地区になった。

前平銀座に戻ると、喫茶白樺の並びに、吉井商店があり、この店は旅館も兼ねていた。おもしろいのは、麓の町、神岡から毎日この栃洞まで濃飛バスが通ってくるのだが、最終バスの運転手と車掌は、この吉井商店で泊まり、翌朝、六時の始発バスの乗務員となって山を下るのであった。

そのバスの運転手は、ある日に決まって、ものすごいスピードで山を駆け上がってくる。なぜ、それほど急ぐのか――。

それは、その晩泊まる吉井商店で、隔週金曜日夜八時からの「三菱ダイヤモンド・アワー」のプロレス中継を見たいがためであった。

思えば、力道山が活躍した時代である。力道山対鉄人ルー・テーズの試合などあろうものなら、どれだけのスピードで山を登ったのだろう。中継は、夜八時からである。それに間に合わせるための、いまでは決して許されない、命がけの疾走であった。

たしかに、ルー・テーズの必殺技「岩石落とし」をかわず掛けで必死に防ぐ汗まみれの力道山の映像は、少年時代の思い出として、いまだに私の脳裏に焼きついている。

ちなみに、栃洞に入ってからのバス停も、織原進の記憶を頼りに記録に残しておこう。

バスが、麓の神岡から、片側が谷という、狭く急峻な坂道を右に左にカーブしつつ、喘ぎ喘ぎ上ってきて、いよいよ鉱山の町、栃洞に入る。道は、最後の登りである。

その入口が和佐保温泉前であった。そして、大谷前、山本前、稲葉前、購買部、鉱山入口、警察前、吉井前と続き、終点前平であった。何々前というのは、停留所前の家の名前だという。「吉井前」は、吉井さんの家の前という意味だ。

その吉井商店の並びに、病院があった。鉱山病院である。正確には、三井金属鉱業神岡鉱業所鉱山病院が麓の神岡町の鹿間地区にあり、この病院は、栃洞分院となる。

この病院は二階建てで、上に入院用の病室が並んでいた。十人以上が入院できたと言われている。一階には外科、内科、産婦人科、耳鼻咽喉科、眼科、歯科の診察室があり、常駐の担当医師もいた。彼らは、一戸建ての社宅に住んでいた。もちろん、坑内の事故に備え、緊急用の手術室もあった。検査室も薬局もあり、レントゲン技師も、薬剤師もいた。

この駐在所から病院までの「前平銀座」は、また、戦後人気を博したラジオ番組「鐘の鳴る丘」ならぬ、「金の成る道」でもあった。

なぜか。当時、郵便振込みなどのなかった時代、従業員の奥さんたちは昼間、この道を通り、その先の会社の経理課に行き、給料を受け取る道だからである。そして、帰りに買物をし、社宅に戻る。給料日になると、そうした奥さんたちの明るい声が響き渡り、割烹着の列がどこまでも続いた。どれだけの給料袋が奥さんたちに手渡されたのだろう。それが商店街から続く一本道だったのだから、鼻唄が聞こえてきそうな道だったにちがいない。

「金の成る道」の手前、病院の前の崖下に、子供たちの歓声が響く小学校、中学校、そして、通洞地区の入口に、三井金属鉱業が経営母体である鉱山高校があった。

この栃洞小学校の歴史は古く、明治二十九年、三井鉱山の私立学校として創立された。その目的は、神岡鉱山で働く労働者の子弟の教育であり、生徒四十四名、教師一名ではじまった。

その設立趣意書には、この栃洞から麓の船津学校に通うには「山ガ高ク、道ハ急傾斜ノ難路デ、シカモ、冬ハ寒サガ厳シク、風雪ガ激シイタメ、児童ノ足デハ到底通学ハ困難」と書かれていて、このような悪条件によって、「児童タチノ就学ノ時期ヲ、ムナシク逸シテハ、ナラナイ」とある。ここに、どんな悪条件であろうとも、子供の教育はしっかりと行わなければならない。だから、鉱山が学校を経営しようという明治人経営者の意気込みが感じられるのである。

明治時代半ば、わずか間口四間半、奥行七間という小さな校舎で、四十四名の生徒からはじまったこの私立栃洞小学校は、やがて神岡町立となり、戦後、急激に生徒数が増え、昭和三十三年のいわゆる「夢か、栃洞」の時代には、約千人の在校生に膨れ上がっていた。

しかも、この期間は単に生徒数が多いというだけでなく、正規の授業以外に「クラブ活動」も盛んで、陸上部、野球部、バレー部、スキー部の運動部はもちろんのこと、ブラスバンド部、オーケストラ、美術部などの芸術的なクラブも盛んであった。
さらに、この小学校の最大の特徴は、「特活」と称する、八つの「生徒会公社」と言われる活動が行われたことであった。これは、生徒たちによる生徒たちのための活動だと言っていいかもしれない。八つの活動とは、以下の通りである。

放送局、図書館、新聞社、購買部、貯金局、保健所、学校園、学校工場がそれである。

たとえば、図書館は新規の図書の購入から貸し出し業務まで、すべて生徒が管理し、当時の記録として、館内の一日の利用者は平均六十余名、館外貸し出し者は三百九十名であった。約千人の在校生のかなりの多くの生徒が毎日、図書館から本を借りていたという計算になる。

また、新聞社は昭和二十八年に全国学校新聞コンクールで、全国より三百四十二種類の学校新聞が応募したなかで、堂々の第一位を獲得している。飛騨山脈、山奥の鉱山の小学校が、全国のトップに立ったのであった。

その時の様子を、『栃洞校史』(昭和五十八年六月十日発行　栃洞小学校閉校記念実行委員会記念事業部編)は、こう伝えている。


十月一日毎日小学生新聞紙上に一等入賞が発表されるや、お祝いと新聞交換があいつぎ、二カ月間に千四十八通にも達した。この時の新聞部長、大野正義君と編集長、稲葉弘光君は、指導された谷口健三先生に感謝すると共に、喜びを次のように書いている。

ぼくたちの作った栃洞小学生新聞が毎日新聞社でおこなった「全国学校新聞コンクール」で第一

位に入賞したことは、僕たち新聞社だけでなく全校の喜びと名誉である。一位になれた原因を考えてみると第一に、学校の内容が充実してきたこと、第二に児童会の計画や仕事が大変に活発になってきたことだろう。

たとえば、「飛騨学童展に吉城郡最優秀の成績でなかったら、十三号のトップ記事は書けなかったろうし、図書館祭りがおこなわれなかったら、あのたくさんの作文や詩、ポスターは集まらなかったであろう。

材料がよくなければ、よい建築は出来ないのである。

第三には、新聞部員の努力である。夏の生活号は、休み中呑気に遊ぶ暇もなく、よく記事を書いたおかげだと思う。第四は編集がよかったといえる。どの記事をどこへ入れるかということは非常にむづかしく、大阪のわりつけ紙に「こうでもない、ああでもない」と書いては消し、消しては書き、根気よくやらなければできない仕事であることがわかった。

八頁の新聞に一週間もかかってわりつけを終わったが、新聞部に働くようになって始めて、本物の新聞社の人たちの苦労がわかってきた。子供新聞や子供郵便局は、ただ知識をとるだけにやるのではないこともハッキリとわかった。

これが、小学生の文章である。

いかに、当時の鉱山の小学生たちのレベルが高かったか、読めばすぐわかる。「材料がよくなければ、よい建築は出来ないのである」という表現には、頭が下がる。僻地の学校だと侮ってはならない。

また、学校の購買部は、商品の仕入れから価格設定、さらには棚卸しまできちんと行ったため、重要性が高まり、年々、利用度が上がってきた。

子供保健所は、学校内の巡視、児童の発育統計グラフの作成、保健に関するポスターの掲示、欠席検査、生徒でもできる外傷の処置などを行い、評価を得た。

さらに、貯金局では子供貯金を奨励し、昭和三十一年には全校の九十一パーセントの児童が預金金額平均二千二百円に達した。

この年の学用品の値段は、ノートが二十円、セメダインがやはり二十円、工作用ののりが十円、鉛筆を削るナイフが五円の時代である。修学旅行生は親に迷惑をかけまいと、これを利用し、同年の旅行には約三十二万円が払い戻されたという。

先の中田廣治は、小学校時代の思い出をこう書いている。

私は昭和二十八年から昭和三十七年まで、保育園、小学校、中学校（元神岡町立栃洞小中学校）へ通学したのです。
私の家から学校までは、これがまた大変で麓の神岡町からの高低差三百メートルの急な登り坂、距離にして二・五キロを約一時間かかり元気よく、途中から友だちといっしょに歩いて通学していました。（中略）
特に、冬期間は悲惨で、吹雪の中を母親が道を作りながら前を歩き、母の歩いた後を兄弟三人が足跡を辿って歩き、家から二十分くらい歩いて南平に着く頃、「お猿のかごや」の音楽が聞こえると、とてもうれしかった。それは、学校が吹雪のため、休校の音楽でした。本当は、電気が三回消えたり点いたりするのが休校の連絡なのですが、私の家と栃洞の電気は回路がちがい、電気による連絡は出来なかったのです。

雪道の通学は長靴の中に雪が入り、手袋は雪でべたべたに凍りついて、学校に着いた頃は手足がかじかんでいました。

それでも教室に入ると石炭ストーブを焚いてあり、温かかったこと、そのような日々が懐かしく思い出されます。

しかし、嫌な思い出は上記に述べた程度で、後は楽しい思い出ばかりです。

学校に行けば、私たちの学年だけで三クラス、約百五十人、全校千人ほどの鉱山の小学校でした。しかも、生徒の九十八パーセントは、株式会社三井金属鉱業神岡鉱業所の社員の子弟でしたから、話題もおのずと一緒になってきます。


吹雪の日に電球が三回消えたり、点いたりするというのは、悪天候の場合の各家庭への学校からの連絡であった。

簡単に吹雪と書いたが、下が深い谷である栃洞の吹雪は、それは凄まじいものであった。吹雪に向かって歩こうものなら、息は詰まり、顔面に雪が吹きつけ、一寸先も見えない。まさに、大人でも身動きもとれないほどの激しさであった。小学校低学年なら、烈風により、谷底に飛ばされても不思議はなかった。

そんな吹雪の朝は、学校は基本的に休みにしていた。そして、朝七時に各家庭の電球が一回消えれば、小学校一、二年生は休校、二回点滅すれば、三年生、四年生までが休み、それが三回となれば、全校生徒が休校ということにしていた。子供たちは、このパカパカを楽しんだ。各家庭で、雪の朝の電気の点滅に歓声が上がったほどであった。

そのうち、各地域に拡声器がつくようになり、吹雪休みのパカパカが音楽に代わった。中田は、「お猿のかごや」の音楽で、休校を知らせたとあるが、私が調べたところ、「お猿のかごや」が流れた時は、午前十時から学校があるという知らせで、一日休校は「かもめの水兵さん」という説もあった。

休校にならない雪の日には、中学三年の生徒たちが入口に待機して、次々と登校してくる小学生の肩に積もった雪を箒で払ってくれた。ともあれ、冬の朝の登校は、小学生にとっては、過酷だったということは間違いない。

また、三月、小学校や中学校の教師が転勤になる別れの日には、定期バスに乗って山を下りる先生を残雪の上に整列した全校生徒が見送るのも、山の学校にふさわしい、美しい光景だった。

「先生、さよならァ……」

「先生、ありがとうございましたァ……」

子供たちは、バスが見えなくなるまで、雪を照らす春の柔らかな日差しのなか、山の上から手を振り続けたという。

学校の話が出たので、鉱山高校のことも書いておこう。

戦争も終わり、新たな出発となった三井鉱山は、まず全国から鉱山で働く労働者を集めたことは前に書いた。しかし、それだけでは足りない。そこで、会社側が次に考えたのは、彼らの上に立つ現場の中堅幹部または鉱山専門の技術者の養成であった。

しかし、折からの学制改革で新制高校が誕生した。その卒業生を待って採用し、さらに教育しなおすには、何年も待たなければならない。そんな時間はない。そこで、会社は自ら青少年の教育に乗り出し、自分たちが経営する鉱山専門の四年制の高等学校を創立したのであった。

基本の精神は、明治時代に、従業員子弟のために栃洞学校を創立したのと同じである。

企業にとって必要な有能な人材は、自分たちの手で育成する――。

それが昭和二十三年四月に開校した神岡高等鉱山学校であった。

兄弟が多く、向学心がありながら、進学を諦めなければならない家の学生にしてみれば、この鉱山高校は入学すれば、学費は無料で、それどころか一年、二年生には毎月二千円の手当が出た。そして、三年生の時に、三井の入社試験があり、合格すると、社員扱いとなり、朝七時から他の労働者と一緒に坑内に入って午後三時まで実習し、午後四時から鉱山の専門科目の授業が受けられた。つまり、社員に確実になることができ、さらに、給料をもらいながら勉強もできたのである。

そして、四年で無事に卒業すれば、すぐに現場で働けた。

だが、この入学試験が難関であり、かなり優秀な生徒でなければ合格できなかったことは、卒業生たちのためにも、付け加えておこう。

話を元に戻す。

元警視庁警察官、織原進は私を栃洞に運んできた車に戻ると、助手席に肩をすぼめてもぐりこんだ私に、当時の思い出を語った。

「僕が小学生の頃は、栃洞には、パチンコ屋さん以外は、なんでも揃っていましたからね。神岡寺というお寺が保育園をやっていましたし、小中学校に、鉱山高校でしょ。お寺も光円寺っていうのが他にありましたし、神社は鉱山四柱（よはしら）神社でしょ。駐在所、消防署、郵便局、信用金庫、病院もあったし、無料の共同浴場は各地域に二ヵ所ずつあったかな。上級社員用と作業員用というか、分かれていましたけど。買物も商店のほかに、鉱山の購買部もありましたからね。便利でしたね。そうそう、火葬場までありましたよ……」

いかに、三井金属鉱業が鉱山を中心とした「町づくり」、「人づくり」に力を注いだか、織原の話を聞いてよくわかった。いまではとうてい考えられない、企業が自社で働く労働者のために、ここまでやることができた時代があったのである。

「お祭りは？」

「鉱山四柱神社のお祭りは、そりゃあ、賑やかだったですよ」

鉱山四柱神社は、神岡鉱山が鉱山の「守り神」として、自ら、設立した神社である。ちなみに、四柱とは、大山祇大神（おおやまつみのおおかみ）、金山彦大神（かなやまひこのおおかみ）、金山姫大神（かなやまひめのおおかみ）、宇迦御霊大神（うかのみたまのおおかみ）で、山の神、鉱山の神、稲作の神として、この四神を祀った、いわば、私製の神社である。そんな古い神社ではない。したがって、縁起なるものはない。

やはり、三井としても、鉱山という自然を相手にしている以上、神を無視するわけにはいかなかったのであろう。それでも、他の神社の宮司たちの力を借り、大祭を挙行するまでになった。そして、歴史のない分、つねに毎年のお祭りは賑わった。神社のお祭りは、神への賛美である。四柱は、なんと言っても、鉱山で働く者とその家族、合わせて約四千人の守り神であったからである。

神楽や雅楽、もちろん、神様の渡御のための神輿も出たし、奉仕する若者たちも衣裳を着て、獅子を先頭に行列した。子供たちの鶏闘楽の鉦と小太鼓の音が祭りをさらに盛り上げた。

それでなくともにぎわう前平銀座には、愛知県や富山県からはるばるやってきた香具師たちが露店をズラッと並べ、呼び込みの声が響いた。やがて、あたりが薄暗くなると、夜空には花火も上がった。折から、山国の遅い春の訪れを、花火とともに、満開の夜桜が知らせてくれた。

また、祭りが終わってしばらくすると、子供相撲大会も行われ、みんなで土俵をつくり、お父さんたちが行司になった。

夏は、盆踊り。八月の十三日から十五日までの三日間、三井金属鉱業神岡鉱業所の福祉係が主催して、各地区で行われた。前平は、小学校の校庭で、南平は、光円寺の境内で、中央に櫓が組まれ、その櫓を中心に放射状に電灯用の電線が張られ、提灯が次々とぶら下げられた。

日暮れになると、提灯の灯りに誘われるように、おのおの趣向を凝らした団体がやってきた。そして、まず、子供たちの盆踊りがはじまった。

〽踊りましょうよ　歌いましょ
　とうさん　かあさん　ポポンのポン
　にいさん　ねえさん　赤ちゃんも
　サアーサ　おててを　ポポンのポン
　サアーサ　そろえて　ポポンのポン

織原は、浴衣姿の姉たちが、この歌に合わせて、楽しそうに踊るのをよく見た、と語ってくれた。

この子供の盆踊りが三十分ほど続き、お菓子をもらって帰ると、いよいよ大人の踊りになった。薄化粧をして、揃いの浴衣を着た婦人たちのグループもあれば、仮装をした男性たちの一団もいた。その賑わいを前平の書店主であり、当時の文化人の代表であった巣之内武はこう書き残している。

或る団体は汐汲みの女性群、或る団体は大名行列の男性群。個人で狐に扮した者が参加していたり、泥棒と巡査のペアが居たりして、見ていて楽しかった。時間の経過とともに踊り手も沢山になり、あの広い校庭に三重の輪が出来た。

主催者は当日の仮装の上手な団体と個人を「仮装賞」として幾組か選出し、終了後に表彰した。また踊りに参加した人全員に「クジ」を一枚ずつ渡して、二十人ほどに商品を贈った。

美濃の方から来ていた古老が「こんな立派な踊りが永年続けば、郡上踊りと同じように全国的に有名になるだろうな」と一言いった。（巣之内武『心のふるさと　無住の町「とちぼら」の残照　第二集』）

秋は、なんと言っても、運動会である。

栃洞の運動会は「地区対抗運動会」と「小中学校合同運動会」があり、どちらも大変にぎわった。

地区対抗運動会のメインは、各地区が毎年発表する仮装行列であった。「赤穂浪士」の時もあれば、「スペインの闘牛士」の時もあり、観衆を笑わせた。子供たちは、「あのおじちゃん、誰や？」と首を傾げ、どこの誰かがわかると大笑いをしたものであった。

一方、小中学校合同運動会のメインイベントは、「大玉ころがし」であった。

全生徒が紅白に分かれて立って並び、竹で作られた紅白の玉を順に伸ばした両手で頭の上を送っていくのである。両側に背の高い中学生を配置し、真ん中が小学一年生であった。「ヨーイ、ドン」で並んだ生徒の頭上を転がる紅白の大きな玉……。音楽が煽る。一チーム五百人ずつに分かれるから、それは壮観だ。織原の話を聞くだけで、観客席の大歓声が聞こえるようである。もちろん、徒競走もリレーもあった。

「早川っていう兄弟の人がいてね、彼らは足が速いので、運動会でいつも景品をもらって、卒業まで一度も文房具を買わなかったって自慢してましたよ」

運転席の織原から、そんな話も飛び出した。やはり、誰にとっても、子供の頃の思い出は尽きない。まして、もはや、誰もいなくなり、校舎も講堂も跡形もなく消えた生まれ故郷だけに、織原にしても、その思いは強いかもしれない。

織原の回想は、続く。

グラウンドの子供たちの歓声が秋の澄みきった大空に吸い込まれ、木々の梢を揺らす風の音がさやかに聞こえ出す十月の末になると、栃洞は、「冬迎え」に入る。

「そうですね、十月に入ると、燃料の配給と越冬野菜の注文がはじまりましたね。子供も手伝いで忙しくなりましてねえ」

織原は、懐かしそうにそう言った。

会社から、ひと冬越せるだけの薪とストーブ用の炭が無料で配給になった。薪は約九十センチほどの長さのまま配られるので、それを家のストーブの大きさに合わせて、三等分あるいは四等分に切り、それをマサカリで割り、その薪をまとめ、廊下の物置にきれいに積むのが子供たちの仕事であった。炭は、ストーブや火燵、七輪用で各家庭に二十俵ほど配られた。

ちである。

また、畳替え、襖の張替えも定期的に業者が訪ねてきてはやってくれた。もちろん、費用は会社持

越冬野菜はさすがに各家庭が支払ったが、毎年十月になると大根と白菜をそれぞれの家が大量に注文をした。しばらくするとトラックで運ばれ、家の前にドサッと置かれた。それを子供たちは小さな背中に背負って家の中に運び、大根は縄でしばって干し、白菜は大きな桶に漬け込む手伝いをした。

こうして、杤洞は厳しい冬を迎えるのだが、実は、この杤洞に一年中、賑やかな場所があった。そこは、真冬、雪が数メートルも積もっても、観客でつねに満員になり、その熱気でまわりの雪もいまにも解けそうであった。

それが、住民たちの娯楽の殿堂「銀嶺会館」である。

先の巣之内武は、郷土の写真家、坂下明の写真集『消えた風景』のなかで、「銀嶺会館の思い出」と題してこんなエッセイを寄せている。

杤洞の銀嶺会館には戦後の昭和二十年代に有名な芸人（?）が、その技を競った。

演劇では関西歌舞伎の大御所、中村鴈治郎一座。辰巳柳太郎・島田正吾の新国劇。杉村春子、長岡輝子の文学座。花柳章太郎の新生新派。エノケン一座等。

浪曲では寿々木米若・広沢虎造・木村若衛・春日井梅鶯等々。変ったところでは三波春夫が南條文若の芸名で口演、翌日下之本迄荷馬車で運んで一曲うならせた思い出がある。

歌手では藤山一郎・霧島昇・田端義夫・楠木繁夫等々有名人を網羅したが美空ひばりだけは、ワンステージ八十万円（煙草のピースが二十円の時代）で手が出なかった。

文学座が「女の一生」を公演後、楽屋で一席設けたとき、正面の上座に照明の兄ちゃん達がすわり御大杉村春子や芥川比呂志が中程にすわって飯を食っていたのが印象的であった。その会館もいまは訪れる人もなくひっそりと眠っている。

この文章に登場してくる俳優や歌手はかなり古いが、銀嶺会館でショーをやった歌手はほかに、守屋浩、ザ・ピーナッツ、北島三郎、橋幸夫、都はるみ、千昌夫らがいる。

織原の記憶では、司会者として来た玉置宏が、栃洞の子供たちから「ロッテのおじちゃん」と呼ばれて、非常に喜んだことがあるそうだ。まさか、こんな僻地の子供たちがテレビを見ているとは思わなかったにちがいない。ちなみに、「ロッテ歌のアルバム」は、昭和三十三年五月四日から、毎週日曜日の昼に放映された。したがって、栃洞にテレビが入ったのと同じ時期である。玉置の「一週間の御無沙汰でした」は、飛騨の山奥の子供たちにまで知られていたのである。

また、千昌夫は、「よりによって、こんな山の中で歌うなんて」と思っていたところ、音響や照明があまりにも素晴らしく、また待遇もよかったので、ステージの上で思わず「三井金属の専属歌手になりたい」と愛想を振りまいたという話も残されている。

そして、もうひとつ、東京からやってきた芸能人に負けず劣らず、この銀嶺会館で住民たちを熱狂させたバンドがあったことを付け加えておかなければならない。

それが、鉱山の最前線で働く労働者たちで構成された鉱山のビッグバンド「神岡マイン・ニュー・アンサンブル」であった。

彼らがステージに登場すると、住民たちは、時代を先取りするかのように、彼らの演奏に熱狂した。

中田廣治は、また、この楽団について、こう書いている。

それに会社には（神岡）マイン・ニュー・アンサンブルという名実ともに素晴らしい楽団があり、演奏会が開催されると銀嶺会館（映画館）が満杯になり、統一したユニフォームが格好よかった。銀幕が上がり始めると、ペレス・プラードのマンボNo.5の演奏がスタートし、満員の観衆は一斉に拍手喝采、時を置かず静かになり、一曲演奏が終わるごとに拍手に拍手。最後には、あの頃には珍しく観客から「アンコール！　アンコール！　アンコール！」の大合唱でした。

楽団員を率いる指揮者、林正輝さんは美男子で、格好いいことこの上もなく、輝いていました。話は変わりますが、私も別のバンドで遊んでいました。ある年、ヤマハ・ライトミュージック・コンテスト飛騨大会が高山市で開催され、我がバンド「ヤングナイツ」も参加したのですが、その大会にマイン・ニュー・アンサンブルも参加したのです。さすが、マイン・ニュー・アンサンブルです。優勝。我がバンドは三位。中部大会の参加はできず、残念な思いも、いまはよい思い出です。

私は、「神岡マイン・ニュー・アンサンブル」という楽団について、織原に聞いてみた。これまで集めた栃洞に関する資料のなかに、中田の文章以外に、ほとんど記載されていなかったからである。

「ああ、神岡マイン・ニュー・アンサンブルですか。栃洞にいた人なら、誰でも知ってますよ。鉱山の坑内の最前線で働いていた人たちの楽団ですからね。ええ、そうです。みんな、鉱山の従業員ですよ。そう、昼間は真っ黒になって働いてねえ」

鉱山の坑内従業員の楽団？　それに指揮者が美男子？　ペレス・プラード？

鉱山のバンドというからには、三井金属が応援していたにちがいない。三井の福利厚生の一環なのだろうか……。メンバーはどんな人たちなのだろうか。まさか、ヘルメットをかぶって、坑内で掘窄作業をしている人たち？

私が沈黙していると、織原はこう続けた。

「カッコよかっただけじゃなくて、かなりうまかったんじゃないですか。中部大会で連続十三回も優勝したとか聞きましたから。そうそう、僕が中学生の時、たしか、東京に呼ばれて、神田の共立講堂かどこかで、演奏したって聞きましたよ」

「え、東京で演奏会？」

「たしか、そんな話でしたけどねえ……」

東京からここにやってくるまでに、三井金属出身の数人の関係者に会ったし、栃洞に関する資料も読み込んできたはずであったが、楽団についてはこの時点まで、誰も話してくれなかったし、参考資料にも掲載されていなかった。

「鉱山(ヤマ)のビッグバンド」か。これは、追いかけてみる価値がある……。

そんな私の思いを助手席に乗せた織原進の車は、栃洞と神岡を結ぶ県道四百八十四号線の緑に囲まれた急峻な坂道を、転がるように下っていった。

第二章　孤高の人

昭和四十年九月二十六日、日曜日。

皇居にほど近い、東京・神田一ッ橋、共立講堂──。

会場は、すでに満員だった。準備が整ったのであろう。緞帳がゆっくりと上がっていく。大きな拍手が起こる。

照明に照らされたステージの上には、真紅に白線が入ったジャケット、純白のスラックス姿の二十二名のメンバーがそれぞれの楽器を手に、堂々と座っていた。

その姿を見て、彼らが昨日まで飛騨の山奥の坑内で削岩機の響くなか、ヘルメットをかぶり、汗と泥にまみれて働いていた鉱山労働者たちだと、東京の観衆は、誰一人思わなかったにちがいない。

トロッコに乗り、坑内奥深くの最前線で火薬を使いながら、掘窄を進めるトランペッターもいれば、爆破された岩石から鉱石を取り出す採鉱を担当するトロンボーン奏者もいる。さらには、保安係、電気係、土木係……。

アナウンサーが、マイクを手に、よく通る声で彼らが何者であるか、紹介をはじめた。

「それでは、本日の産業音楽祭関東大会のために、わざわざ遠方よりやってきてくださった三井金属鉱業『神岡マイン・ニュー・アンサンブル』の皆さんをご紹介します」

続いて、会社の説明に入った。

「三井金属鉱業株式会社という会社は、亜鉛、鉛を作っている非鉄金属の代表的な会社で、神岡鉱業所は岐阜県にあって日本アルプスの麓、亜鉛、鉛を産出する東洋一の大鉱山です。ここに働いている同好の士で編成されているこの『神岡マイン・ニュー・アンサンブル』は、中部大会で第二回から出場して昨年の第七回まで連続優秀賞に輝いている伝統を誇る楽団です」

アナウンサーは、手元のメモを読むだけにしても、これでは、観衆にこの「鉱山の楽団」の真の魅力がまったくと言っていいほど伝わらない。いま、壇上にいる彼らのどこが素晴らしいのか、ここでアナウンサーに代わって説明しよう。

ステージの上にいるプレイヤーのほとんどが、鉱山の坑内労働者であることは先述した。

彼らが働いている鉱山内部での労働は、三交代制である。

早朝七時に坑内に入り、午後三時まで働く者。午後三時から夜十一時までの者。そして、夜の十一時から朝の七時までと、そのローテーションは、人によってちがうし、時々、変更になる。

したがって、休日以外、メンバーが一堂に集まることはできない。

では、彼らはどうやって練習したのか。

基本的には、日曜日は合同練習である。個人的な理由では練習を休むことはできなかった。そして、その日以外は、空いている時間に個人練習である。

しかし、こうした大きな発表会がある時には、会社の人事課がメンバー全員を一の方（朝七時からの勤務）にシフトしてくれ、毎日、午後四時から全員揃っての練習ができた。今回も、ひと月前から全員、一の方にシフトされた。この大会が終われば、またバラバラになる。

それでも彼らは、音楽が好きで集まった。会社のイベントがあれば、必ず演奏したし、他の鉱山や会社の施設だけでなく、地域の福祉施設にも僻地の学校にもトラックで楽器と一緒に慰問に行った。もちろん、それも会社の指示だし、そのためのシフトもよく行われていた。

言っておくが、彼らはあくまで労働者であって、アーティストではない。音楽をやっているからと言って、給料が増えることもないし、出世もしない。

ただ、会社の許可のもと、演奏をしている間は、それが「仕事」として換算される。休日に演奏すれば、休日出勤になるし、どこか地方に呼ばれれば、出張扱いになる。

やがて、その練習の成果により、「鉱山の楽団」の名声は地元のみならず、岐阜県はもちろんのこと、愛知県、三重県など中部地区全域に広がった。なぜなら、この「神岡マイン・ニュー・アンサンブル」は各企業の音楽部や合唱部がその実力を競う産業音楽祭中部大会に初参加して以来、この時点までで六回連続優秀賞、以後も快進撃は続き、最終的には十三回連続優秀賞受賞という大記録を打ち立てている。

こんなバンドは、空前絶後だった。

こうして、三井金属鉱業の社名を轟かせ、地域の文化水準の向上に貢献し、各種行事の花形としてなくてはならない文化団体となった「神岡マイン・ニュー・アンサンブル」——。

そして、この日、同じ産業音楽祭の関東大会に、唯一のゲストとして招聘され、ふだんはヘルメットに作業服姿の「鉱山の男」たちが、赤いジャケット、白いスラックスの制服姿で、楽器を手に、共立講堂のステージの上でライトを浴びていたのであった。

壇上のメンバーを紹介しておく。

指揮・林正輝、テナーサックス・荒井豊、中沢外輝夫、アルトサックス・横山勇、谷口精市、アルトサックス&クラリネット・浅田睦夫、バリトンサックス&クラリネット・大下登、トランペット・橋詰外幸（そとゆき）、古田憲雄、黒川修三、林敏雄、トロンボーン・青山務、清水久司、召田清治、山本稔、ギター・富田春平、ベース・吉田徹男、ドラム・館谷香津利、パーカッション・松井一徳、大坪隆志、小島利吉、尾形朝現である。

アナウンサーの紹介に続いて、楽団を代表して、時の音楽部長の池田秋津が観衆を前に謝辞を述べた。池田は、メンバーと同じ神岡鉱業所勤務だが、東京本社採用のエリート社員で、自らもバイオリンの名手であった。

「今年でこの『神岡マイン・ニュー・アンサンブル』が結成されてちょうど二十年になります」

当時、音楽部長は、歴代、三井金属鉱業の本社採用で神岡鉱業所に配属された上級社員のうち、音楽に興味のある者がなった。したがって、そのほとんどが東大出か京大出であった。いわば、坑内の作業員たちからみれば、超エリート社員たちである。だが、会社での身分は大きな差があったが、こと、音楽に関しては「仲間」であり、会社側の代表でもあった。

惜しむらくは、本社採用の上級職員のため、彼らが本社の人事異動で神岡を離れれば、そのたびに音楽部長が代わった。したがって、この年、音楽部ができて二十年にもかかわらず、音楽部長は、池田で十二代目になる。

ちなみに、初代からの音楽部長の名前がわかったので、列記しておく。本吉和男、村井弓三郎、東尚七、瀬戸武、高多久明、本吉和男（二度目）、二木嘉親、船山夏雄、米田貞治、本吉和男（三度目）、佐々木賢治、池田秋津、そして、このあとが井沢一郎、七島喜久夫、城後知明らである。

池田は続けた。

「この記念すべき年に東京で演奏する機会を得たことは部員一同大変に喜んでおります。これまでも幾多の困難がありましたが、さらにこれを契機として一層の精進を重ねまして、親しまれる音楽団体に成長したいと念願しております。挨拶が長くなりました。それでは、私たちの演奏をお聞き下さい」

会場から、再び拍手が起こり、一瞬の静寂ののち、ステージ中央よりやや上手(かみて)にいた指揮者、林正輝の右手がサッと上がった。その横顔は、「鉱山の楽団」のリーダーには見えない。映画俳優にも似た、陰のあるかなりの二枚目であった。

一曲目はグレン・ミラー楽団の演奏で知られる「茶色の小びん」であった。林正輝の華麗な指揮で、メロディーは強く、やわらかく、そして高く、低く、聞く者の心を完全にスウィングさせた。曲が終わると、拍手が鳴り止まない。

見ると、客席の後方に、楽器を手にした多くの人たちが立って見ていた。

ここは東京だ。中部大会の優秀賞のバンドがどの程度の技量なのか、この耳で確かめてみたいと思っていたのだろう。だが、彼らも、楽器を足元に置いて、喝采を送っていた。そうした「意外な興奮」の波が、指揮者林による次の曲「お江戸日本橋」へ、そして、三曲目の「マンボ№5」へと続いていった。

三曲目は、まさに圧巻だった。

鉱山の楽団という無骨なイメージからは想像もつかない。まるで全員がカリブ海の島にでもいるような、リズミカルな演奏である。パーカッションが楽しそうに鳴り響き、それに合わせるように、メンバーたちが立ち上がり、楽器を吹きながら、右に左にスウィングする。まさに、ペレス・プラード楽団を思わせる。

そして合間に、三十代、鉱山に勤務しているとは思えない、眉目秀麗なリーダー林正輝の声が高らかに、明るく響く。

「ウーッ！」

パッパ　パラーラ　パッパ　パラーラ　パパパパパ　パパパパパ……

演奏がリズミカルに続く。観客の身体も音楽に合わせて楽しそうに揺れる。やがてパンチの効いたマンボのリズムが一瞬で止まり、演奏が終わると、観衆は万雷の拍手で素晴らしい演奏を讃えた。

さらに、林の指示で、演奏を終え、いったん座った彼らが全員起立し、一礼した時の拍手の嵐は、「神岡マイン・ニュー・アンサンブル」のメンバーだけでなく、三井金属鉱業神岡鉱業所栃洞坑に働く鉱山の男たちすべての「誇り」を満足させた。

どうして、そんなことが言えるのか。それは、このバンドがどうして生まれたのかに関係する。

「音楽は好きだけれど、楽器もない、譜面も読めない」鉱山労働者と、「鉱山で働く労働者の創造による音楽運動を」という三井金属鉱業の労資双方が、必死に力を合わせ、戦後の混乱期に、何もないところから作り出した画期的な「文化遺産」――それがこの「神岡マイン・ニュー・アンサンブル」だったからである。

会社が作れと言ったのでもない。従業員が作るから金を出せと言ったのでもない。

音楽好きの労働者がひとり、ふたりと集まってきた時に、会社がいっしょになって、「鉱山の楽団」を飛騨の山奥の鉱山のなかに育てようと言い出したのである。

一般に、鉱山労働者と言えば、酒や博打。危険が伴う坑内の作業を終えた彼らにしてみれば、そうした刺激が当然だったかもしれない。だが、会社は、僻地の鉱山で、仕事が危険だからこそ、音楽という文化を坑内労働者に与えたかった。

しかし、強制はできない。すると、いつしか、その文化の芽が自然発生的に、この坑内から出た。会社は、そこに水をやり、肥料を与えた。そして、やがて、花が咲き始めた。従業員もその家族も、その花を愛し、咲き誇る花が、自分たちの「誇り」になった。

言い換えれば、「鉱山の楽団」の活躍は、命の危険と背中合わせで働く鉱山の男たちの希望であり、三井金属鉱業神岡鉱業所の喜びであっただけでなく、「坑内に働く従業員に文化を」という企業の福利厚生政策の勝利でもあったのである。

そして、この日は、それがついに東京で認められた日だった。

では、いつごろ、飛騨神岡という僻地の鉱山にこうした音楽文化が芽生えたのであろうか。普通、鉱山や炭鉱といった肉体労働を伴うような第二次産業にスポーツ活動は育っても、音楽活動が芽生えることは少ない。なにしろ、場所は標高八〇〇メートルの山の中である。しかも、メンバーがほとんど坑内労働者というユニークな「鉱山の楽団」は、どうやって生まれたのであろうか。

早速、調べてみた。

三井金属鉱業神岡鉱業所に、音楽クラブのようなものが誕生したのは、なんと、終戦直後の昭和二十年十月のことである。

そのあたりを栃洞音楽部初代音楽部長、本吉和男はこう書いている。

私が昭和十九年秋、栃洞に来て以来、趣味としていろいろなことに手を染めてはみたが、一向に実を結ばなかった。

しかしながら、鉱山の生活を通じて最も印象に残り、また心の糧になっていたのはやはり音楽であった。そして、趣味を通じて結ばれた人と人の心は固く、決してとけるものではない。創立期の楽団は、まず楽譜を読むこと、そして正しく楽器を使うことであった。乏しい楽器はアルバイトで調達し、機会を捉えては先輩の指導を仰ぎ、楽団員の技術に応じた編曲をすることが続いた。

私は音楽が好きなだけで、音楽に関する技術はまったくゼロであった。この問題をよく把握し、努力してきたのが、林正輝君である。楽団創立期の苦しみのなかに、都会から新鮮な空気を持ち込んでくれたのは、保倉君であり、栖川君らであった。曲がりなりにもどうやら音らしいものが出るようになり、リズムに乗るようになった頃、池田秋津君がバイオリンを下げて飛び込んできた。そして、楽団も急速に発展してきた。

個々の団員の技術が向上し、楽譜さえあれば初見でも弾くことができること。これが私の第一目標であり、この目標がある程度達成するまでは遠征とか外部演奏など考えるな、という方針だった。

交代制のため、なかなか全員が集まれず、個々の練磨という苦しい試練を皆が乗り越えてくれた。それぞれが家庭を持ちながら毎日毎夜の練習に馳せ参じた団員の蔭には奥さん方の応援も忘れてはならない。(『神岡マイン・ニュー・アンサンブル』二十五年の歩み──「二十五周年記念演奏会パンフレット」より)

ここにも「音楽は好きだけれど楽器もない、譜面も読めない」鉱山労働者が集まって楽団のようなものが生まれた様子が見てとれる。

このあたりをもう少し詳しく調べてみよう。話を敗戦直後の神岡鉱山に戻す。

当時、三井金属鉱業神岡鉱業所は、「三井鉱山」という社名であった。

三井鉱山は、第二次大戦中、神岡で国の要請に応じ、無謀な増産を強行した。なかでも生産部門は、労働力の質的な低下と物資の欠乏などの悪条件のなか、乱掘を続けた。

その結果が、敗戦である。

鉱山内は虚無感に襲われただけでなく、会社はこれからどうなるのか、食糧難のなか、どう生きるのか、当時の国民すべてがひとしく味わった体験であるが、狭隘な僻地に生活する神岡鉱山の従業員にとっては、とりわけ厳しかったにちがいない。食い物の恨みから、暴動すら起こっても不思議がないほど、鉱山は荒れていた。

ここに、当時の坑内従業員による貴重な記録が残っている。

初日の勤務を終って寮の大浴場に身を横たえ、ようやく一日の緊張から解き放たれた思いで食堂のテーブルについたが、そこに出された主食は、とても素直には付き合い兼ねる代物だった。生理的に喉が受入れてくれないのである。

こっそりと回りを見回すと、先輩格の人たちは寮の食事とは別に仲間でヤミの魚、肉、白米などを各自で調理して食べているようだったが、私のような新参者にとっては、今はこの食事に馴れることこそが、与えられた試練であると自分に言い聞かせ、目をつむってようやく呑み込んだ。

昼食は、弁当箱に詰めて持参するので、六割程度の米に大豆や馬鈴薯、甘藷などを混入して、蒸し釜で炊き上げた比較的まともな物だったが、朝食がこれ又、一癖も二癖もある文字通りの「喰わせもの」だった。

政府から支給される甘藷の粉末と称するものを湯を注ぎながら練り上げて蒸しまんじゅう風に仕上げたものだそうで、飴色にフックラとした外観は、とてもおいしそうで食欲をそそるが、口の中に入れると、ちょうど木工場の鉋屑を食べるようで、頑強な拒絶反応を示す喉を通過させるのは並大抵の努力ではなかった。

後日、試験的に飼育していた豚にこれを与えてみたが、なんと豚でさえ見向きもしない代物であった。しかし、これが正規のルートで配給される代用食品であり、日本の実情からすれば苦情を申し立てても仕方ないことを誰もが知っており、無力な政策をカバーするには自らの力で食するに足る物を求めて走り回るしかなかった。(木村健次『雪の中の案山子――泣き笑いの七十五年』)

前章でも紹介した木村健次は、戦前はさまざまな仕事をしてきたが、戦後まもなく、神岡鉱山に労働者としてやってくる。そのいきさつは、前章で書いた。その彼が実際に栃洞にやってきた時の様子が、この文である。

そして、こうした戦後の食糧難の様子のあとに、戦後の組合や会社との交渉の状況が書かれているので、追記する。

聳南(しょうなん)寮自治会としても、当然、これを問題として幾度か、会社、組合双方に改善要求を出していたが、組合の申し入れに対する会社の回答は「会社として表立って配給制度に反するような行動はとれない。費用については非公式に会社で負担するので、労働組合の方で自主的に行動して努力してみてほしい」と、いうものだった。

組合は、この会社の回答は無理からぬことと了解し、生活対策委員会を組織して、積極的にのりだすことになり、委員長に市山太一氏を専任した。(『同書』)

聳南寮とは、栃洞にあった独身者のための寮で、戦後まもなくは、急激な人員増で、三百人の入寮者を数え、六畳ひと間に六人在室というすし詰め状態にまで膨れ上がったという。

ちなみに、このあと、市山は「ふくろう作戦」という富山から夜間に大量の米を買い付けることに成功したが、思わぬ内部告発にあい、食管法違反でしばらく留置される羽目に陥ったことまで、この本には詳しく書かれている。

実は、ここで大事なことは、会社と組合の態度である。三井鉱山に組合が出来たのは、昭和二十一年一月十五日であるが、この時の話し合いの目的は二つあった。ひとつは、この食料も含めた待遇改善で、もうひとつが神岡鉱山の復興であった。

つまり、組合ができた時から、労資は決して対立することなく、お互いに出来ることは協力しようという姿勢が、この「ふくろう作戦」にも感じられたのである。

話が、横道にそれた。実は、音楽活動も同じだった。

先のそんな食糧難の時代でも、音楽が好きな連中は、鉱山の仕事の休み時間にギターを弾いて、歌を歌ったり、家にあったハーモニカを持ち寄って吹いたりしていた。そのうちに、従業員の音楽サークルが鉱山のなかのあちこちの職場に生まれた。

そうしたなかで、まだ戦後三ヵ月も経っていない昭和二十年十月一日、神岡鉱業所栃洞坑従業員同好者からなるハーモニカバンドが結成されている。

ちなみに、戦後復興の映像が映し出されると必ずと言っていいほど流れる並木路子の「リンゴの唄」（サトウハチロー作詞　万城目正作曲）は、松竹映画『そよかぜ』（監督・佐々木康、主演・上原謙、並木路子）の挿入歌だが、その封切が、昭和二十年十月十日である（「リンゴの唄」は翌昭和二十一年一月発売）。

しかも、この映画は、劇場の照明係で歌手志望の少女が、楽団員の指導と協力でスター歌手になるという音楽映画でもある。奇しくも昭和二十年の同じ十月に、飛騨の山奥、神岡鉱業所栃洞坑で、従業員のハーモニカバンドが誕生したというのも、時代の要請だったのかもしれない。

さらに、戦前、麓の町神岡にあった「コオロギ楽団」の一員だったメンバー数人が当時、鉱山に勤めていて、同時期に新しい楽団を作って続けていたという記録も残っている。その新しい楽団は、「南十字星」という名称だったと言われている。「コオロギ楽団」は、戦前に神岡の町で無声映画の伴奏をしていたとも伝えられているが、定かではない。

きっと、このほかにも、職場内にはあちこちに、いまでいう音楽関係のサークルがあったと思う。先の木村健次の『雪の中の案山子――泣き笑いの七十五年』のなかに書かれているように、聳南寮には、なにしろ三百人もの独身者がいたのだから。そのなかには、当然、ギターを弾ける者もいたであろうし、ドラムが上手だった者、アコーディオンやバイオリンが弾ける者、歌わせたら玄人はだしの美声の持ち主もいたにちがいない。そんな彼らが、何もしないわけがない。

これが、会社が鉱山労働者に対して求めて止まなかった「文化の芽」であった。

当時、三井金属の上級職員だった本吉和男は、坑内労働者たちのこの若い芽をひとつにまとめ、まるで太陽の光のように、会社の力を注ぎ、育てようと思ったのだ。

従業員たちの音楽サークルの大同団結――。

「栃洞に音楽部を作ります。参加したい者は、この指止まれ」

昭和二十三年四月二十八日。本吉は、会社の許可を取り、従業員たちにこう大きく宣言したのである。言い換えれば、これが三井金属鉱業神岡鉱業所の「坑内に働く従業員に文化を」という福利厚生政策の嚆矢であった。

そして、その時に集まったメンバーを前に、本吉は、昭和二十年十月に誕生した「ハーモニカバンド」を栃洞音楽部の歴史のはじまりとし、大同団結したこの楽団を「神岡マイン・ニュー・アンサンブル」と命名したのであった。

まだ、ラジオからは岡晴夫の「啼くな小鳩よ」や菊池章子の「星の流れに」が流れていた時代である。「神岡マイン・ニュー・アンサンブル」という名称が、いかにインテリジェンスに溢れていたか、本吉の教養がわかる。

「ハーモニカバンド」に所属していた者、元「コオロギ楽団」にいた者、新しくできた「南十字星」に参加していた者、さらには、それらにはまったく所属していなかった音楽好きな坑内従業員たちが、本吉の元に集まった。

そのなかに、ひとりの若い男がいた。

集まった鉱山の男たちのなかで、ひときわ目立つ、面長で、目元涼しく、端整な顔立ちで、手にはアルトサックスを持っていた。名を、林正輝と言う。二十一歳の若者だった。

のちに、「三井金属鉱業に神岡マイン・ニュー・アンサンブルあり」と言われ、中部地方はもちろんのこと、文化の中心、東京にまで知れ渡った楽団の「伝説のバンドマスター」になった男である。

「おい、あいつ、誰や?」

「見慣れん顔やな」

「野口えきの旦那やないか?」

あくまで、想像だが、そんな会話があったかもしれない。野口えきは、当時、職場のバンドで歌を歌っていた美人女性歌手である。これは当たっていた。事実、彼女は、林の年上の妻であった。二十一歳の夫と年上の妻。ふたりの間には、この時、すでに、正樹という男の子がいた。

だが、意外にも、この時点で集まったメンバーたちのなかで、林正輝を知っている者は少なかった。ほとんどのメンバーが栃洞小中学校卒で、お互いに幼馴染だったが、林はちがった。また、ひょっとすると、社内の「ハーモニカバンド」にも「コオロギ楽団」にも、「南十字星」にも所属していないかったのかもしれない。仕事は、三井金属鉱業神岡鉱業所栃洞坑で、保安係をしているという話であった。

「林です。よろしくお願いします」

若者は、パラッと落ちた髪をサッと掻き上げながら、その日、集まった全員の前で、さわやかにそう挨拶したにちがいない。

「創立期の楽団は、まず楽譜を読むこと、そして正しく楽器を使うことであった。乏しい楽器はアルバイトで調達し、機会を捉えては先輩の指導を仰ぎ、楽団員の技術に応じた編曲をすることが続いた。私は音楽が好きなだけで、音楽に関する技術はまったくゼロであった。この問題をよく把握し、努力してきたのが、林正輝君である」

三井金属鉱業神岡鉱業所内に、会社の「文化遺産」にすべく、栃洞坑の従業員たちを集め「鉱山の楽団」を創設した本吉和男が、先の「神岡マイン・ニュー・アンサンブル」の二十五周年記念演奏会のパンフレットに書いた林正輝とは、この青年のことであった。

つまり、満足に楽器も使えない坑内労働者たちの「鉱山の楽団」を東京の共立講堂で演奏するまでに育て上げたのは、林正輝のおかげだと本吉が言っているのだ。

実は、林正輝を絶賛しているのは、本吉だけではない。のちに、ことあるごとに、十数人の歴代音楽部長が褒めていると言っていいだろう。その一部を紹介する。

「神岡マイン・ニュー・アンサンブル」は、林正輝氏の変わらぬ情熱と、諸先輩の音楽を愛する心に支えられながら、十七回に及ぶ産業音楽祭への参加をはじめとして各所における多方面の演奏活動を通じ、バンドのレベルをわずかずつながらも高めて参ったものと自負しております。（七島喜久夫「結成三十周年記念演奏会パンフレット」より）

産業音楽祭に連続出場し、数々の優秀賞をさらった黄金時代、鉱山不況で多くの仲間が退部した文字通り音なしの構えであった停滞時代、町の音楽仲間との交流で体制を立て直した門戸解放時代と時代は移っていきました。しかし、一貫して変わらなかったのは、林正輝氏の献身的な指導であり、先輩から脈々と受け継がれた部員の音楽に対する情熱であります。（城後知明「結成四十周年記念演奏会パンフレット」より）

また、栃洞坑坑長や外部の音楽関係者も、林に関して、こんなことを述べている。

創立以来30年、数々の輝かしい実績を残し、さらに発展を続けるマイン・ニュー・アンサンブルは、職場のクラブ活動の理想の姿とも言えます。坑内の第一線での重労働、交代制勤務などのハンディキャップをよく克服し、ここまで育ててこられた関係者各位、特にバンドマスター林正輝さんには本当に頭の下がる思いがします。（南光宣和「結成三十周年記念演奏会パンフレット」より）

鉱業所での林さんとの初対面は、正直言ってヤマの人というからもっとイカツイ人かと思ったら美男の紳士。こちらの方がガラが悪く、ムクツケキ野郎で気が引けるほど。坑内を見学してからレッスンを聞かせてもらう。僕がこのバンドに興味を持ったのは、僻地で30年も続いている……という一言につきる。そして、その秘密は何処にあるのだろうかとノコノコ出かけた次第。思った通り素晴らしい指導者、美しい環境、周囲の人たちの協力と三拍子揃っていた。（日本ポピュラー音楽振興会専務理事　赤星建彦「同」より）

飛騨の山奥に、鉱山労働者による音楽サークルが生まれ、わずか二十一歳の美青年が、その後、四十年近くにもわたって鉱山で働きながら、この「鉱山の楽団」を指導し、バンドマスターとして引っ張ってきたことは、これらの証言によって明らかになった。

しかも、その実力は、冒頭でもわかるように、東京でも認められた。

では、この林正輝とは、何者か——。

もちろん、「神岡マイン・ニュー・アンサンブル」の関係者のみならず、三井金属鉱業神岡鉱業所出身者、さらには地元の人たちも、林正輝の名前も顔も知っている。

だが、詳しく調べていくと、林正輝という人がいったいどこで生まれ、どこで音楽を学んだのか、知る人は誰もいなかった。もちろん、当人は亡くなっている。

私は、「鉱山の楽団」の情報を探る一方で、リーダーであった林正輝の一生を追ってみることにした。

「鉱山の楽団」のことを私が初めて新聞記事で発見したのは。昭和三十五年十二月一日付「明るいやま」第一〇二号であった。

そこには、愛知文化講堂で開かれた第二回日本産業音楽祭中部大会の舞台で演奏する「神岡マイン・ニュー・アンサンブル」の写真が掲載され、「演奏を続けて十五年　やまの自慢　栃洞音楽部」という見出しで、次のように書かれていた。

第二回日本産業音楽祭中部大会というのは、「神岡マイン・ニュー・アンサンブル」がはじめて外部の大会に出場し、いきなり優秀賞をもらい、以後十三年続けて同賞を受賞した記念の大会であった。

記事を再録する。

演奏を続けて十五年　やまの自慢　栃洞音楽部

娯楽の少いやまの人々を音楽で慰めよう……、と働く人々が相つどい、音楽部を結成してから十五年。あるときは山祭りや保安月間の慰安行事に、また、あるときは病院慰問や従業員の結婚式にと、あらゆる機会を通して、軽快なメロディを演奏し、やまの人々に広く愛されている職場の音楽サークルの歩みをご紹介しましょう。

北アルプスの乗鞍岳を右手に仰ぐ海抜八百メートルの神岡鉱業所栃洞地区の音楽部が、このサークルです。部長は本吉和男さん（38歳　栃洞機電係長）、編曲指揮者は林正輝さん（33歳　栃洞機電係）で、現在のメンバーは二十三名。ピアノをはじめ、ドラム、アルトサックス、トロンボーン、コントラバス、ギターなど楽器だけでも二十はこえる本格的な編成です。部の呼び名もマイン・ニュー・アンサンブルというハイカラな名称がつけられています。

このサークルが誕生したのは戦後の昭和二十年で、娯楽に乏しいこのやまの人々を音楽によって少しでも慰めよう、というのが、この音楽部誕生の動機だったのです。

発足当時は、楽器も思うように買えず、現在指揮者として活躍している林さんなどは、コントラバスをベニア板で作り、二年近くもこれで演奏するという有様でした。また部員一同も楽器をそろえるために廃品回収までしたといいます。

このような苦労を続けながら、あらゆる機会を通してやまのあちこちで演奏会を続け、十五年を経た今、その演奏回数も数えきれぬくらいで、栃洞のマイン・ニュー・アンサンブルといえば飛騨周辺はもとより中部地方でも、かなり有名な存在になっています。

この音楽部の特色は演奏曲目のすべてをメンバーの一人林正輝さんが編曲するということと、部員全員が会社の従業員であるということです。林さんが編曲した曲目だけでも三百五十曲近くにもなっています。

編曲し、指揮をとる。この林さんは、昼間は坑内で働き、昼休みの三十分を編曲の時間に回し、夕方仕事から帰ると六時から九時までが毎日全員の練習、それが終わって、帰宅し、更に九時から十一時頃まで再び編曲に精を出すという熱心さです。

毎日の練習にも二番方の人を除いては、殆どの人が一日も休まずに練習に励んでいるという真面目さです。

部員全員のこうした平素の努力がむくいられるときは来ました。それは昨年九月名古屋市の愛知講堂で開かれた日本産業音楽祭中部大会に参加し、黒田節、ラ・パロマ、イン・ザ・ムードの三曲を演奏して、審査の結果、参加した三十三団体の中でも特に栃洞マイン・ニュー・アンサンブルは優秀であると認められ、優秀賞獲得の栄誉に輝いたのです。そして、今年もまた去る九月に行われた、この大会に参加し再び優秀賞を授与され、やまの人々を喜ばせました。

編曲指揮者の林正輝さんは、「私たちのマイン・ニュー・アンサンブルが、このように発展を続けてこられたのは、何といっても部長の本吉（和男）さんと創立当時から苦労されてきた金子（正男）さんなどのお陰です。会社でも私たちの活動には常に物心両面の協力をして下さいますので感謝しております。何はともあれ、やまの皆さんに親しまれる音楽係として、今後も大いに勉強を続けていきたいと思っています。十五年前の発足当時はガラクタ楽器ばかりで、スクラップ・バンドなどと悪口を云われましたが、当時を回想すると全く感無量です」と語っておられました。

この記事は、冒頭の東京・共立講堂での演奏の五年前のこと。林正輝が明らかに「神岡マイン・ニュー・アンサンブル」のリーダーであることを伝えている。

さらに、調べていくと、この三年後に、やはり日本産業音楽祭中部大会において、第二回大会初出場以来五年連続優秀賞を受賞したとの記事も見つけた。

地元紙「かみおか」は、その時の模様をこう伝えている。

神岡マイン・ニュー・アンサンブル　五年連続優秀賞に輝く
職場楽団＝神岡マイン・ニュー・アンサンブル（栃洞＝部長佐々木賢治氏）は、九月十五日名古屋市愛知講堂で開催された第六回日本産業音楽祭中部大会（主催、日本産業音楽祭中部委員会・朝日新聞社）に出場、またまた優秀賞＝第二回大会初出場以来五年連続＝に選ばれた。
同音楽祭は「働くものの音楽の祭典」だけに、参加団体は年ねん増えて、ことしは昨年の五十団体をはるかに上回る五十九団体にものぼり、とくに東京から二団体の特別出演もあって、かつてない盛況をきわめた。（中略）
マイン・ニュー・アンサンブルは過去四年連続優秀賞を獲得、「職場楽団のトップレベルをいくもの」との定評を受けているだけに、開演前から参加団体、聴衆の注目のマトとなっていたが、第十八番目にステージに立って①スペインの姫君＝トルヒーヨ・エバンス曲・林正輝編曲②小雨降る径＝ヘンリー・ヒンメル曲・林正輝編曲③シボネー＝エルネスト・レクォーナー曲・林正輝編曲の三曲を演奏。熱狂的な拍手と賞賛を浴び、審査の結果、五たび優秀賞の栄誉に輝いたもの。審査講評および総評は次のとおり。

【審査講評＝音楽評論家中曽根良一氏】

この楽団の演奏は毎年聴いているが、まことにみごとなものだ②本大会参加団体のなかでも最高の圧巻の一つであろう③とくにことしの演奏は音がしまっていて、昨年よりもいっそうよかった。これは指揮者の方の編曲のうまさでもあり、楽団の力を考えてフルに発揮できるように編曲されているからであろう④リズムの変化がまことにあざやかであり、なによりも音楽そのもの全体が生きしており、みごとなアンサンブルである⑤指揮者の方が非常にリズム感がよく、身振りがよくてテレビにでも出したいような楽団である。とにかく例年にもましていっそう見事な演奏であった。

【総評＝作曲家森一也氏】

本大会の参加団体もふえ、各団体の演奏レベルがいっそう向上している②とくに本大会では、コーラスの松坂屋、楽団の神岡鉱山は圧巻であった③この大会の最大のたのしみは神岡鉱山の楽団と松坂屋のコーラスを聞くことである④来年を楽しみにしております。いっそうの精進と発展を期待します。（「かみおか」昭和三十八年九月三十日）

ちなみに、この時のメンバーを記しておく。

部長・佐々木賢治、副部長・池田秋津、マネージャー・金子正男、指揮・林正輝、トランペット・橋詰外幸、田村一司、古田憲雄、平野孝志、沢田靖男、サックス・荒井豊、横山勇、谷口精市、中沢外輝夫、大下登、浅田睦夫、トロンボーン・青山務、池野忠明、清水久司、召田清治、ボンゴ・カスタネット・松井一徳、コンガ・ギター・富田春平、ベース・吉田徹夫、ギロ・タンバリン・小島利吉、ドラム・山口欣也、コルネット・前園静雄の面々である。

そして、鉱山の坑内で働く労働者の楽団「神岡マイン・ニュー・アンサンブル」は、この二年後の冒頭の東京公演の年で七年連続となり、その後さらに連続受賞が続き、最終的には昭和四十六年まで十三回連続して優秀賞を受賞し続けたのである。

それにしても、「編曲がいい」、「指揮者のリズム感がいい」、「テレビに出したい」と、林正輝は、審査員に絶賛されている。

となれば、日常は鉱山の仕事に従事しながら、「神岡マイン・ニュー・アンサンブル」の指導をし、演奏曲すべての編曲をする美男のバンドマスター、林正輝とはいったいどんな人物だったか気になる。しかし、その本人はすでに他界している。さらに、昔のメンバーに聞いても、その生い立ちを詳しく知っている者はひとりもいない……。

なぜなら、林は、若い頃から、あまり仲間とのつきあいも深入りをせず、また、バンドマスターになっても、親しいメンバーにさえ、一切、子供時代の話をしなかったからである。

四十年間も鉱山で働き、「鉱山の楽団」を率いて、その美貌と抜群のリズム感、さらには数百曲も編曲し、東京でもその才能を認められた僻地の音楽の天才は、実は「孤高の人」であったのではないか――。

ここから、亡くなった林正輝と、三十年前に神岡の町から消えた「神岡マイン・ニュー・アンサンブル」の伝説を追う私の旅がはじまったのである。

まず、私は鉱山には稀な「美男の紳士」で、伝説のバンマス、林正輝の生い立ちに迫った。

林正輝は、昭和二年五月二十日、岐阜県吉城郡（現・飛騨市）神岡町で生まれている。

ただし、戸籍の父親の欄が空白であった。

母の名は、東（ひがし）キク。東家は、室町時代にこの地を支配した江馬氏の御典医の家系だという。

やがて、正輝は、ある時から林滋成の養子となり、林姓を継いでいる。実母キクが正輝を連れて、林に嫁いだのである。

養父の林滋成は、富山の人で、大正時代から戦前、戦後にかけて、三井鉱山、それに続く三井金属鉱業神岡鉱業所に勤務している。さらには、定年後、栃洞小中学校の用務員を長らく務めていた。

となれば、正輝は、当時の栃洞尋常高等小学校に入学、卒業しているはずだが、『栃洞校史』で探しても、その名前は出てこなかった。しかし、この近くの小学校を出ていることは間違いない。

そこで、私は神岡町立図書館に通い、この町にあった昔の小学校の記念誌を探し、卒業者名簿を調べてみた。

かつて、神岡に「船津学校」という小学校があった。

日本の教育史上、最も古い小学校は東京・千代田区の番町小学校で明治三年六月十二日開校したが、それから遅れることわずか三年、汽車もなかったこの飛騨の山中にできた小学校が、この「船津学校」であった。その小学校の記念誌「船津学校記念誌」（昭和五十四年四月十日発行　船津学校記念誌発行実行委員会編）を開いてみた。明治以来の、この学校の由緒ある歴史が書かれていた。そして、最後に、卒業者名簿が掲載されていた。


あった。

昭和十四年度　第四十五回卒（昭和15・3・27）
東　正輝（林）　下小萱

（　）は、改姓の欄で、結婚した女性の下に多く書かれている。また、「下小萱」は神岡地区の住所で、この記録を作成した昭和五十四年四月当時の林正輝の住所だろう。ということは、林正輝は、船津小学校時代は、まだ、母の姓の東で過ごしたということになる。

では、東少年は、いったいどんな子供だったのだろうか。

ずいぶん、知っている人を探したが、結局、「近所でも、大変な神童だった」と言われていたという証言ぐらいしか得られなかった。もし、正輝少年が、父親のいない小学生生活を送ったとすれば、親しいメンバーにも「子供時代の話を一切しなかった」というのもうなずける話である。

また、養父の林滋成には、正輝のほかに子供がいなかったため、正輝少年を「まあちゃん」と呼び、大変にかわいがったということもわかった。

では、そんな正輝は小学校を出ると、どうしたのか。

次にわかっていることは、養父林滋成と同じ、三井金属鉱業神岡鉱業所栃洞坑に勤務し、十九歳の時に、年上の野口えきと結婚し、二十歳で父親となり、二十一歳で「神岡マイン・ニュー・アンサンブル」に入部し、以後、四十年近くにわたり、「鉱山の楽団」を牽引してきたということである。

「美貌の天才」、「伝説のバンドマスター」は、いったいどこで音楽を学んだのか——

この謎を解明すべく、何か手がかりはないかと古い資料に目を通しているうちに、「意外」なことが判明した。

昭和四十一年十一月十二日付の朝日新聞名古屋地方版の連載コラム「文化を支える人々」に、こんな記事があった。

ヤマの楽団と二十一年　林正輝さん（三九）

三井金属鉱業神岡鉱業所の坑道を、二百メートルほどはいった事務所の機電係。削岩機の管理や修理の手配をしながら、東海地方でも確固とした地位を誇る「ヤマの楽団」の創設者。「文化に恵まれない山奥の人々に、ナマの音楽を聞かせてあげたい。そして、山奥でも立派に楽団は育つんだ、という自信をつけたかった。ただそれだけの動機だったんです」――林正輝さんの言葉は少ないが、ヤマの楽団を一人前にしたい、このことに二十一年間、精魂を傾けてきた人である。

林さんは、中学生のころから音楽部員として活躍し、岐阜師範に入学してから本格的に音楽の勉強をはじめた。しかし、在学中に身体をこわし、故郷の吉城郡神岡町でしばらく静養したあと、神岡鉱山に勤めた。

そして敗戦。殺伐とした世相。林さんは身につけた音楽を生かして楽団を編成し、暗い気持ちのなかにある町民に、美しいメロディを聞かせよう――と、現在、同楽団副部長の金子正男さんと話しあい、二人で栃洞坑の従業員に呼びかけ、二十年十月、「神岡マイン・ニュー・アンサンブル」を結成した。

林正輝にインタビューして書いたのだろうが、「鉱山の楽団」の誕生に関しては、明らかに私が調べたものとはちがう。林をクローズアップしたいがために、記者が盛り上げたのだろうか。

だが、それは置いても、林がどこで音楽を学んだのか、興味あることが書かれている。「林さんは、中学生のころから音楽部員として活躍し、岐阜師範に入学してから本格的に音楽の勉強をはじめた。しかし、在学中に身体をこわし、故郷の吉城郡神岡町でしばらく静養したあと、神岡鉱山に勤めた」という部分である。

また、それから約一年後の昭和四十二年十月二十四日付の朝日新聞名古屋地方版の連載コラム「岐阜人」に、林のことがこう書かれている。

厳密にいえば、「芸術家」ではないかもしれない。しかし、終戦直後のすさんだ人の心にうるおいを与え、日ごろ音楽に縁のない人たちにナマの音楽を聞かせ続ける、神岡マイン・ニュー・アンサンブルの指揮者林正輝（四十歳）は、真の芸術家かもしれない。

岐阜師範時代にからだをこわし、故郷の吉城郡神岡町へ帰り、三井金属に入社した。二十二年に楽団を結成し、富山の古道具店をかけ回って、楽器の部品を買い集めた。廃品回収の代金をこの楽器代にあてたこともあった。口さがない連中は「スクラップ楽団」と、命名した。

また、その翌年の昭和四十三年二月十二日発行の朝日新聞東海広域版の特集「職場の音楽花ざかり」という記事に「神岡マイン・ニュー・アンサンブル」が紹介され、林正輝についてこう書かれている。

それにしても、歴史の長い異色楽団で、一様にいえることは、いい指導者に恵まれている、ということだ。たとえば、神岡マイン・ニュー・アンサンブルの林正輝さん。

林さんは岐阜師範時代、本格的に音楽の勉強をし、いま、編曲も自分で手がけている人。


この三つの記事で、私が追っている「神岡マイン・ニュー・アンサンブル」のバンドマスター林正輝は、岐阜師範に進学し、そこで音楽の勉強をしたことがわかった。こうした記事は、当然、本人が言ったことをもとにしているのだから、途中、中退しているにしても、岐阜師範に進学していることは間違いないとしよう。

では、船津の小学校を出てから、岐阜師範に進学するために、中学はどこに行ったのだろう。先の新聞記事でも、「中学の頃から音楽部員として活躍し……」とあるから、「近所でも有名な神童」のその後が気になった。

だが、結果は、あっけなかった。

そもそも戦前まで続いた師範学校制度は、明治初期に作られた古い制度で、官立は東京師範学校(現・筑波大学)と東京女子師範学校(現・お茶の水女子大学)のみで、あとはすべて各県にその設置は委ねられていた。

岐阜県には、戦前、岐阜師範学校があった。もちろん、県立である。

さらに詳しく調べてみると、この各県にある師範学校の入学資格は、小学校六年、高等科二年の卒業で、入学試験に合格すれば、師範学校に入学できた。試験は、もちろん、かなり難しかったが、五年制の各県の師範学校を卒業しさえすれば、その地域の尋常小学校の教師の資格がもらえたのである。

しかも、授業料も無料、それに、寮生活も保証されていたので、貧しい家庭の優秀な子弟への救済策の役割を果たしていた。

戦後は、ＧＨＱの教育制度改革によって、この制度は失われたが、戦前までは、貧しい家の子が学校の先生になる道が、きちんとあったのである。ただし、この師範学校は、あくまで尋常小学校の教師にしかなれなかった。旧制中学、旧制高校、女学校などの教師になるためには、高等師範学校を卒業するか、帝国大学を出る必要があった。

先の朝日新聞の記事を信用するならば、林は「神童」ゆえ、船津小学校高等科を出て、岐阜師範に合格していることになる。家が貧しいことを知っていた「神童」は、授業料免除、しかも無料の寮生活で教師になる勉強ができる道を、自ら選択したのであった。

ということは、林は、「小学校の先生」を目指していたのだ。

これは、大事なキーワードである。しかも、同じ先生でも、自分が育った飛騨の山奥の小学校の先生になりたい、と思っていたと仮定したら、どうだろう。

あくまで憶測の域を出ないが、林が「僻地の子に、都会の子に負けない教育を」と強く思って、山の村の教師を目指していたとすれば、先の新聞記事の林正輝の言葉がサッと心に入ってくるように思うが、考えすぎだろうか。

「文化に恵まれない山奥の人々に、ナマの音楽を聞かせてあげたい。そして、山奥でも立派に楽団は育つんだ、という自信をつけたかった。ただそれだけの動機だったんです」（前掲　昭和四十一年十一月十二日付朝日新聞）

「山奥からでも立派な人は育つんだよ。先生も一流の人になるようにがんばるから、君たちもがんばるんだよ」

林正輝は、もし、健康で小学校の先生になっていたら、僻地の子にそう言ったのではないだろうか。しかし、病気により、教師になる夢は挫折した。そして、十八歳の時、故郷の山に戻り、しばらく静養したのち、父のコネで、三井鉱山に入った。この時の挫折感は、いかばかりだったであろうか。本当の父親のいない、賢い子供が学校の教師を夢見て勉強してきたのに、その夢が破れ、鉱山で働くことになった……。かなり、落ち込んでいたかもしれない。その彼が、再び、夢を抱いた。それが、音楽だった、と考えるのは無謀だろうか。

林正輝の生い立ちは説明できた。しかし、音楽をどこで学んだかはわからない。ただ、言えることは、小学校の先生になるためには、音楽の勉強は必須であったにちがいない。

「林さんは岐阜師範時代、本格的に音楽の勉強をし、いま、編曲も自分で手がけている人」（前掲昭和四十三年二月十二日付朝日新聞）

これも、インタビューで林が答えたことをまとめたのだから、信じるしかない。

しかし、それにしても、音楽という学問は、独学でできるものなのだろうか。

その疑問を解決するために、私は、あるアーティストを訪ねた。彼の名は南部なおと。

南部は、福井市出身で、知る人ぞ知る一流ジャズギタリストで作曲家。しかも、ＣＤを何枚も出しているシンガーソングライターでもある。過去には、音楽による社会貢献活動が認められ、東久邇宮文化褒賞を、また、最近では、日本作曲家協会音楽祭２０１５でオリジナルソングコンテストのグランプリを受賞している。

その彼に、林正輝の生い立ちを話し、林があの時代、音楽をどう学んだか、考えられる独学の方法を聞いた。

南部は、こう推理した。

まず、演奏したいと思うレコードを手に入れた。レコードを買うお金がなければ、レコードと蓄音機を持っている友人と親しくなり、とにもかくにも、レコードを何度も何度も、それもレコード盤が擦り切れるくらい曲を聞いたと思う。そして、次に、一小節ずつ、メロディーをきっちりと覚えた。楽器があれば、それを弾いてみた。その音を五線紙に書き写した。次の一小節も同様に、そして、また次に。

これは、音感の鋭い耳の持ち主であれば、それほど難しいことではない。そして、最後まで書き写せば、いわゆるメロディー譜が完成する。そうなれば、その曲は、いつでも簡単に、また、どの楽器でも弾けた。

したがって、岐阜師範時代にまず、好きな曲のメロディーを譜面に書くという作業を徹底的に訓練したのではないか。それができるようになれば、次第に、和音を含めたいわゆるサウンドの流れがわかってくる。こういうメロディーにはこの和音、次はこうなるか、あるいはこう行くかということだ。これが、独学の作曲法の勉強にもなる。その人は、作曲もしているのではないか(実際、林正輝は、晩年、地元の神岡の歌を何曲も作曲している)。

林が、岐阜師範に入るとすぐにこの方法を実行したとしても、当時、聞いたレコードは軍歌、軍国歌謡、唱歌、外国曲ならドイツやイタリア民謡ぐらいなものだろう。彼が岐阜師範に入ったのは、昭和十七年四月だからである。

林が小学校の教師を目指すなら、小学唱歌を徹底的に勉強したかもしれない。小学唱歌のレコードなら、師範学校にもあっただろう。小学唱歌のレコードを聞き、それを楽譜に起こす。耳で覚えて、譜面に落とす。その訓練を唱歌を題材に徹底的に訓練したのではないだろうか。まさに「耳学問」である。

そう思うと、林がのちに「お江戸日本橋」や「黒田節」などを編曲しているのも納得がいくというものだ。

では、その編曲はどうするのか。南部は、こう想像する。

これも、独学の場合は、レコードである。

他の楽器がそれぞれどんなメロディーを奏でているのか、耳を澄まして聞き、それを譜面に落とせばいい。さらに言えば、ピアノが弾ければ、両手を使い、メロディーと和音を一緒に弾けるから、それをパートに分ければ、他の楽器の部分の楽譜は書ける。ギターで言えば、コードを押さえたそのすべての音を楽器ごとに振り分ける。つまり、メロディーを弾ける人は、編曲が出来るということだ。

「したがって、林正輝という人は、最初に鉱山の音楽部に入部した時に、楽譜が完璧に読めたのではないか。あるいは、レコードを聞けば、すぐにメロディー譜が書けたのではないか。当時の鉱山に、そんな優れた音感の人がいたら、まわりは驚きますし、若くても楽団のリーダーになりますよ」

さらに、南部はこう付け加えた。

「その人が本当にすごいのは、四十年間もバンドマスターを続けたことですね。そこまでできるには、みんなから『この人には絶対に敵わない』と思わせる才能と力量、そしてリーダーシップがなければ続きません。さらに、そのうえで、努力を惜しまず、新しいことに挑戦し、常に前へ進む。これが、リーダーの条件です。それから、あとは『秘密』ですね。生い立ちでもなんでも、カリスマ的なリーダーになるには、メンバーの知らない『謎』の部分が大事なんです。ということは、その人は、メンバーとプライベートでは、それほど親しくしていなかったんじゃないですか」

南部なおとの話を聞いて、納得した。

戦後まもなく、二十一歳の若者が何げなく楽団に入ってきた。その青年は、抜群の音感の持ち主で、楽譜も読み書きができ、簡単な曲なら、編曲もできたとしたらどうだろうか。（こいつには、敵わない）と誰でも思うだろう。また、会社側は（彼を中心にやっていこう）と思ったにちがいない。

しかも、林は努力を欠かさなかった。毎日昼休みには最低でも三十分は、編曲や作曲にあてており、楽譜を見ない日は一年に数えるほどしかなかったという。夜は夜で、寝る前に音楽を聞き、メロディーを必死で覚えた。さらに、神岡に外部の楽団が来た時には、必ず楽屋に押しかけていき、プロに教わったり意見交換したりして勉強したという。

こうした努力は、実は、戦後まもなくの東京や横浜でも、プロミュージシャンの間で盛んに行われていたことがわかっている。

戦後まもなく、戦前からジャズを学んでいた日本人ミュージシャンたちは、一斉に米軍キャンプを回って、演奏を始めた。

将校用のオフィサーズ・クラブ、下士官用のＮＣＯクラブ、一般兵用のＥＭクラブ、空兵のためのエアメンズ・クラブ、軍属用のシビリアン・クラブなど、東京・横浜だけでもそうした施設の数は、八十か所以上あったと言われている。

しかも、それぞれのクラブで好まれる音楽が異なり、日本人ミュージシャンたちも、曲目も演奏スタイルも変えなければいけなかった。そのため、需要が圧倒的に供給を上回り、バンドの出演料もかなり急騰した。

そこでGHQは、ライセンスを発行、ミュージシャンの実力に応じた適正な出演料を定めたのである。

昭和二十二年七月、その格付け審査委員会による最初のオーディションが実施され、全国主要都市の約二百のバンドが審査を受け、「S・A」、「S・B」、「A」、「B」、「C」、「D」に分けられたと言われている。

ちなみに、そのギャラは「S・A」は、最初の一時間の演奏料がひとり当たり三百八十円、一時間延長ごとに百十円が上乗せされた。よりわかりやすく言えば、一か月のうち二十五日間、一日一時間演奏すると、ひとりが手にする月収は九千五百円であった。昭和二十三年度の公務員の初任給が二千三百円だということを考えると、かなりの優遇である。たとえ、「D」クラスのバンドマンであっても、月収は二千七百円を超えたというから、いい稼ぎである。

したがって、当時、楽器を弾けた者たちは、こぞってプロのミュージシャンになったのである。

彼らは進駐軍のキャンプめぐりをしていたから、クラブの客に喜ばれる楽曲を演奏しなければならなかった。そのため、彼らは日夜、努力を惜しまなかった。ある者は、さまざまな手を使って、米軍兵士が持っている「名曲楽譜集」を手に入れ、それを書き写した。また、ある者は、米軍兵士と親しくなり、米軍放送を聞きながら、ヒット曲を写譜したという。また、横浜のジャズ喫茶には、ノート片手のバンドマンが集まってはアメリカのジャズのレコードを聞きながら、メモをとって、勉強していたという。

ます、譜面。譜面がなければ、レコード。レコードがなければラジオから。東京、横浜の進駐軍キャンプまわりのバンドマンたちは、必死の努力をしていたのである。

林もまた、「神岡マイン・ニュー・アンサンブル」に入部してからというもの、時間があれば、ラジオで、レコードでポピュラー音楽を聞いては、譜面に落としていた。具体的には、進駐軍放送であるFENや当時、中部日本放送ラジオで「L盤アワー」という番組があり、林も聞いていたと思われる。

グレン・ミラーの「ムーンライト・セレナーデ」や「真珠の首飾り」、ベニー・グッドマンの「シング・シング・シング」、ビリー・ヴォーン楽団の「浪路はるかに」、ビクター・ヤング楽団の「エデンの東」、カウント・ベイシー、デューク・エリントン、ポール・モーリア……。

折から、昭和三十年代に入ると、日本でも、これまでにないビッグバンド全盛時代が訪れた。原信夫とシャープス&フラッツ、見砂直照（みさごただあき）と東京キューバン・ボーイズ、宮間利之とニューハード、チャーリー石黒と東京パンチョス、有馬徹とノーチェ・クバーナ、小野満とスイング・ビーバーズ、スマイリー小原とスカイライナーズ……。

彼らの演奏は、編曲に役立っただけでなく、「見せる音楽」の魅力を林に教えた。

そして、「マンボの王様」、あのペレス・プラード楽団が来日した。昭和三十一年のことである。見砂直照と東京キューバン・ボーイズが、この時、ペレス・プラード楽団と両国国技館のステージで共演している。

これで、空前のラテン音楽ブームが巻き起こった。「マンボNo.5」、「闘牛士のマンボ」、「ある恋の物語」、「ラ・パロマ」、「エル・チョクロ」、そして、あの「セレソ・ローサ」がラジオから毎日のように流れていた。

「セレソ・ローサ」の原曲はフランスの曲だったが、レオナルドとデイビッドなる人物のアレンジでマンボにし、それがジェーン・ラッセル主演の映画『海底の黄金』にペレス・プラードの演奏が挿入され、大ヒット。RCAからリリースされたシングル盤は十週連続で全米ヒットチャートのトップを独走。ミリオンセラーになった。わが国でも昭和二十九年に日本ビクターからペレス・プラードの演奏で発売されている。

林は、この時、いち早くレコードを手に入れ、家で毎晩、必死で写譜をしたと思われる。そして、自分のバンドの楽器と人数に合わせて編曲をした。それが、のちの「神岡マイン・ニュー・アンサンブル」のレパートリーになったのではないだろうか。

実は、林のこの姿勢は、晩年も変わることはなかった。

あとで詳しく書くが、林が音楽を教えた若者のなかに、西村久という男がいた。彼は、のちに国立音大を出て、ダン池田とニューブリードにトロンボーン奏者として入っている。彼は大学の夏休みには、特別に「神岡マイン・ニュー・アンサンブル」に参加してくれたこともあって、林は、彼を訪ねて、よく東京に行った。そして、ダン池田はもちろん、ダン池田の紹介で、歌手ちあきなおみにも会っている。

なぜ、そこまでするか。譜面、レコードの入手もさることながら、林は、第一線のプロから、より高度な演奏テクニックを学びたかったからである。そして、さらに、その時の林は、神岡鉱山という僻地と文化の中心である東京とを、音楽でつなぐ強く太いパイプが欲しかったのである。

ここまで書いてきて、ひとつ、大きな疑問が生まれた。

抜群の音感の持ち主で、何事にも努力を欠かさない。そんな真面目で自分に厳しい、林の姿勢は、バンドマスターとしては最適だったが、メンバーの反発はなかったのだろうか。

思うに、メンバーは、きっと、そこまできちんと考えてやっていない。適当とは言わないが、あくまで音楽が楽しいからやっているのではないか。

林のこうした真摯な考え方は、当時のメンバーには、いったいどう映ったのだろうか。

それに関して、こんな記事が残されている。


悩みはメンバーの変更。考え方の違い、きびしいけいこ、いろんなことから、一年に五、六人が楽団を去る。現在、楽団発足当時からいるのは、林さんと金子正男さんの二人だけだ。このため、林さんは次の世代を背負う「楽士」の養成に追われ通しだったが、音楽に生きる熱心な団員たちに支えられ、毎年二回の定期演奏会は、休みなく続けられた。（前掲　昭和四十一年十一月十二日付朝日新聞）

メンバー全員で二十数名である。そこから、毎年五、六人が去っていくという楽団もめずらしい。放っておけば、四年で誰もいなくなるのだから。

普通なら、バンドマスター失格である。会社も黙っていられないだろう。まして、その責任はリーダーにあるのだから。

だが、会社側は、林に賭けた。誰一人として、林に注意を与える部長はいなかった。林もまた、部長に協力を仰ぎ、頑張った。ここでも、間違いなく、「鉱山の楽団」に対して、三井金属鉱業神岡鉱業所の応援があった。なぜ、そこまでして、会社は林を信頼し、支えたのだろうか。

それは、「鉱山で働く労働者に文化を」という会社側と、「僻地の住民にナマの音楽を」という林正輝の思いが完全に一致していたからである。そして、何より、林正輝以上に、音楽に対する情熱とリーダーシップを持った男がいなかったからである。

だから、会社は林を応援した。林も、必死で、次々と人材を育てた。ひとり辞めたら、また若い人を入部させ、空席のパートを埋めた。

それにしても、なぜ、メンバーが次々と辞めていったのだろう。

調べていくと、どんどんメンバーが入れ替わるのには、実は、大きな理由があった。

それは、林が何より、努力しない人を嫌ったからだった。テクニックの巧拙では、林は人をそれほど評価しなかった。どうしてもうまく吹けないところがあれば、林はその部分の編曲を変えて、そのメンバーの力で吹けるように譜面を直したほどである。

だが、練習を適当にサボるメンバーには、たとえ、相手が年上だろうが、どんなに演奏が上手だろうが、容赦なく厳しかった。

(そんな気持ちじゃ、都会の人にバカにされるぞ。こんな山奥にいたって、僕たちは、一生懸命努力すれば、一流のバンドになれるんだ! 手を抜くな! 僕の言う通りにしろ!)

さすがに口に出しては言わないが、心のなかで怒っていた。以心伝心、その気持ちはメンバーに伝わった。これでは、音楽を気軽に楽しもうと思う人たちはついていけない。年に五、六人、去っていってもしかたがなかった。

しかし、それでも、林の態度が変わることは一切なかった。

（さあ、僕もがんばるから、みんなもがんばろう！）

残って、一生懸命練習するメンバーを見て、林の胸に熱いものが込み上げてきた。いつの間にか、自分の人生に新たな希望が生まれていることに気づいたからであった。

林正輝は、この時、いったん諦めたはずの僻地の小学校の教師になっていたのであった。

こうして、林正輝は四十年の長きにわたり、「鉱山の楽団」をリードしてきた。だが、そんな林のもとで、「神岡マイン・ニュー・アンサンブル」に関わった人たちの人生は、いったい、どうだったのだろうか。きっと、それぞれに心に秘めた大切な物語があるにちがいなかった。

そして、再び、私の旅がはじまった。

第三章　人生のスラローム

「荒井さんって、マッサージさんの家やね」

「いえ、ちがいますよ。神岡城の近くって聞いたんですけどね」

「あのあたりに、荒井さんなんて家、あったかな。ちょっと、無線で聞いてみるもんで。あのー、ちょっと聞きたいんやけどな、江馬町あたりに、荒井さんっていう家あるか。なんでも、昔、マイン・ニュー・アンサンブルでサックスを吹いとった人らしいんやけどな。わし、知らんでな。ああ、そうか。最近、奥さんを亡くされた家な。ああ、わかった、わかった」

タクシーが急にスピードを上げ、坂道を勢いよく上りはじめた。

いよいよ、伝説の鉱山の楽団、「神岡マイン・ニュー・アンサンブル」のメンバーだった人に会える――そう思うと、心なしか、肩に力が入るのを感じていた。

「ここらあたりやと思うがな。あれ、表札がちがうなあ。もう一周回らんとならんもんでな。そこもちがうかな」

「ちがいますね」

岐阜県飛騨市神岡町の高台の碁盤の目のように区切られた一角に、古い平屋の住宅が立ち並んでいた。道は狭い。したがって、一本筋を間違えると、また一周して来なければならなかった。近くに、もう誰も住んでいない団地が幾棟も枯れた蔦にからまれながら、時に流されるまま、朽ち果てるのを待っているように建っていた。夕陽ケ丘団地。かつて、賑やかだったあの神岡鉱山に勤める人々が住んだ夢の跡であった。

「あっ、ここかもしれんな」

真夏の日差しのなか、運転手が車をのろのろ走らせながら、一軒の家を指差し、そう言った。家に表札はない。

「じゃあ、降りて聞いてみます。ごめんください。荒井さんのお宅ですか?」

「はい、そうですけど……」

家の奥から、声が聞こえた。

タクシー代金を払うと、運転手がほっとしたような顔をして、去って行った。

そこが、ムードテナーで一世を風靡したサム・テイラーばりに、テナーサックスを吹いていたという荒井豊の家であった。

伝説のバンドマスター林正輝率いる鉱山の楽団「神岡マイン・ニュー・アンサンブル」がはじめて東京に遠征し、共立講堂で「茶色の小びん」、「お江戸日本橋」、そして「マンボ№5」の見事な演奏をして観衆を沸かせたあの日のステージに立っていた男が、そこにいた。

荒井豊は、昭和八年、栃洞の前平地区の社宅で生まれた。

前平は、栃洞の中心である。

父親は、職員と呼ばれる、いわゆる大卒らエリート社員たちが入る浴場で働いていた。正式には、前平「第二浴場」という。三井金属鉱業神岡鉱業所が経営する社員のための無料の共同浴場である。

私が取材の趣旨を話し、栃洞に行ってきたことを告げると、荒井は、眼鏡の奥の目を細め、子供時代の話をはじめた。

「子供の頃、家の屋根に上ると、山なみの間に雲海が見えてね」

このひと言で、荒井が生まれ育った栃洞という地域がいかに高いところにあるかわかる。まして、家の屋根の上から少年が見た風景は、晴れた日には大きく広がっていて、さぞ気分がよかっただろうと思う。

終戦直後、豊少年はその屋根の上から眼下にグラマンが飛ぶのをよく見たという。

グラマンと言えば、第二次大戦中、日本軍の零戦や隼を相手に数々の空中戦を演じたアメリカの戦闘機である。

「山と山の間をなあ、艦載機が飛んでいくんやよ。いや、爆音のすごさに、思わず首をすくめておったらな、艦載機の腹がパカッと開いてな、赤・白・青のきれいな落下傘をいくつも決まったところに落とすんや」

色とりどりの落下傘の下には、四角い大きな箱が吊り下がっていたと言う。

それは、捕虜収容所への進駐軍による救援物資だった。たしかに、こんな山奥の収容所には、空から物資を投与したほうが早いかもしれない。それにしても、戦時中、三井鉱山に捕虜収容所があったとは知らなかった。

荒井によれば、昭和十六年の日本軍の「マレー作戦」の勝利によって捕虜となった兵士らが多く鉱山で働いていたという。

その彼らに対し、終戦後まもなく進駐軍からの援助物資が届けられたのだろう。

その頃の思い出を、『栃洞校史』から引用してみよう。


アメリカの飛行機が六機きて、落下傘で食料を落として行った。この食料は捕虜のものだとわかっていたが、隣近所の人達は夢中で拾いに出かけた。

ぼくの家でも母と姉、祖父母が一つ落下傘を拾ってきて、こっそり縁の下に隠した。そして、見つけられないようにして少しずつ出して食べた。

落下傘の中には、ガム、乾パン、かん詰、小麦粉、乾ブドウやタバコまで入っていた。

落下傘の糸を母が一本一本ほぐして、ぼくの服を修理してくれたことをよく覚えている。（住雅美「落下傘で食料投下」『栃洞校史』）

学校へ行く時、三年生の子が「ガム・サービス」といった。ぼくも欲しかったので、小さな声で「ガム・サービス」といったら、背の高い捕虜が、頭を撫で、ガムを四つもくれた。「ありがとう」と言ったら、その外人は言いにくそうな日本語で「イイエ」と言った。

その内に、すっかり仲よしになって、とても可愛がられた。

やがて捕虜の帰る日が来た。長い列をつくって歩いていた。ぼくはあの好きな外人さんがいないかと思って、列を見ていたら、いた、いた……。「何処に行くの」と聞いたら、「ボクラノ、ウマレタ、クニエ、カエル」といった。ぼくは「行っちゃいやだ、いやだ」と叫んだら、静かに頭を撫でてくれた。お別れだといって、ガムを五つもくれた。

行列は、見る見るうちに遠ざかって行った。
ぼくは泣き出しそうになるのをこらえて、いつまでも、あの異国の人に手を振った。（和下千一「南平捕虜収容所・異国の人」『栃洞校史』）

ともあれ、荒井豊の戦後は、進駐軍による捕虜への援助物資の投下と、新制の神岡第一中学校入学からはじまった。

もちろん、この神岡第一中学校の経営者は、小学校同様、三井金属鉱業である。第一と名づけられたのは、茂住鉱の大津山に、同様な三井金属による小中学校があり、そこが第二小中学校だったからであった。

荒井豊は中学生になったこの時から、スポーツと音楽に目覚め、持って生まれた天賦の「才能」を思う存分、発揮するのであった。

豊がふんだんに才能を発揮したスポーツ、それは、野球とスキーであった。

野球——。

たしかに、戦後の日本は、野球で始まったと言っていいかもしれない。

終戦の年、昭和二十年十一月には、プロ野球の東西対抗戦が開催され、翌昭和二十一年四月二十七日にはプロ野球リーグ戦が開幕している。参加チームは、巨人、大阪、阪急、近畿グレートリング、中部日本、パシフィック、セネタース、ゴールドスターの八チームだった。

赤バットの川上哲治、青バットの大下弘が子供たちに大人気であった。昭和二十五年ぐらいになると、少年向けの雑誌のグラビアはもちろん、メンコやベーゴマに、川上、大下、青田、別所、小鶴といった選手たちが登場しはじめた。

小柄ながら、運動神経に恵まれていた豊は、野球に夢中になり、すぐに新制中学校の野球部のレギュラーになった。しかも、ポジションはピッチャー。いかに、豊の運動神経が他の子供たちと比べて優れていたか、それだけでもよくわかる。

野球ができなくなる冬は、スキーだった。スキーも子供の頃から孔雀坂と呼ばれる栃洞の急斜面を下り、「あのシュプールが俺のや」などと自分が滑り降りたコースを自慢していたというから、たいした才能である。

ちなみに、孔雀坂の斜面は、まるで切り立った崖のようなスロープで、大人でも滑り降りることができる人は少なかったという。

この近くに建っていた共愛館という劇場の緞帳が見事な孔雀の羽を広げた絵だったことから、この劇場のすぐ脇の急坂を「孔雀坂スキー場」と呼ぶようになったというが、定かではない。

豊は、少年時代にそうした危険なスロープを平気で滑り降りた。その才能は、やがて、冬季国体の岐阜県代表に選ばれるまでになる。

また、戦後は並木路子の「リンゴの唄」のヒットで代表されるように、音楽も復活し、国民に明るい希望を与えた。

昭和二十年の大晦日には「紅白歌試合」という「紅白歌合戦」の前身の番組がＮＨＫラジオで放送されている。「のど自慢」は昭和二十一年一月十九日に放送開始、「緑の丘の赤い屋根……」の子供たちの合唱ではじまる「鐘の鳴る丘」の放送が始まったのは、昭和二十二年の七月五日であった。

そして、豊もまた、中学校でスポーツだけでなく、音楽の楽しさにも触れた。

きっかけを与えたのは、神岡第一中学校教師の河上健治であった。

手元の『栃洞校史』の歴代職員録を開くと、「河上健治　昭和六〜昭和二十九」とあるから、河上先生はかなり長い間、この学校に勤務していたことになる。

「この河上という先生がね、戦争直後、器楽部を作ろうと言い出してね、家に音の出るものがあったら、なんでもええから持って来いと言うてね……あははは」

すでに八十歳を過ぎた荒井は、七十年近くも前の自分と音楽との出会いを楽しそうに語りはじめた。それによれば、その時、豊少年は河上から言われて、家からハーモニカを学校に持っていったという。

ハーモニカは、兄たちからのお下がりで、自分でも小学生時代からよく吹いていたそうだ。ゼハー、トンボ、ミヤタ……という名前を聞いて懐かしがる人も多いかもしれない。宮田東峰がハーモニカの楽団を作って、全国を回っていた時代のことである。

だが、ハーモニカは不要だった。学校にバイオリンが余っていたからである。

「先生、俺、バイオリンやりたい」

「おお、がんばれよ」

河上に特に音楽に対する強い思いがあったとは思えない。だが、河上は教育者として、飛騨の山奥、それも鉱山に働く従業員たちの子弟のための学校という、まさに僻地の子供たちを都会の子と同じように、音楽に親しませてやりたかったにちがいない。

その証拠に、豊はバイオリンを選んだが、そのバイオリンも、ましてピアノも河上が教えることはなかった。

だが、河上の努力が実を結んだ。生徒に「音の出るものがあったらなんでもええから持って来い」と言ったことではじまったこの器楽部は、のちに吹奏楽部となり、その後、赴任してきた専門の音楽教師の指導を得て、やがて、「鉱山の楽団」を支える素晴らしい数々の逸材を送り出すのである。

その意味で、河上の「家に音の出るものがあったら、なんでもええから持って来い」という僻地の学校の一教師の大胆な試みは、のちに大輪の花が咲き、大きな実が成るのであった。

いわば、荒井豊は、僻地教育に長年にわたって身を捧げたひとりの教師、河上健治が栃洞に植えた樹木の、最初の花の小さな蕾のひとつだったかもしれない。

だが、指導者がいないなかで、どうやってバイオリンの演奏法を覚えられたのであろうか。

豊少年は、なんと、独学でバイオリンをマスターした。器楽部にバイオリンを弾く生徒は豊以外に三人いた。そのうちの一人、船谷道雄は、兄がバイオリンが上手だったせいか、かなり最初からうまかった。豊は悔しかった。そして、船谷を横目に、まさに見よう見まねで、弾きはじめた。

バイオリンを左の肩に乗せ、少し傾けさせてから、ボディの端に顎を乗せた。なんだか、バランスがとれない。見れば、仲間は顎を引いている。豊も顎を引いた。少し、バイオリンを持ち上げ、水平にすると落ち着いた。

そして弓を指で摘むようにして持ち、弦の上を横にはらってみた。キーッという音が出た……。

「おい、あとはどうすればええんか?」

まさに、怖いもの知らずの少年が、そこにいた。

この頃の話で、おもしろい話を荒井から聞いた。

「この器楽部でギターをやっとったヤツらが三人おって、林正輝さんの社宅に夜、ギターを習いに行っていた」と、言うのである。

その頃、「伝説のバンドマスター」林正輝は、まだ入社したばかりで、「神岡マイン・ニュー・アンサンブル」そのものも生まれていない。だから、豊の仲間の少年たちがギターを習いに行ったかもしれなかったが、その後、いろいろな人に聞いても、林がギターを弾いているのを誰も見たことがなかった。

ただ、林は自分の家で、レコードを聞いていた可能性は高いので、手に入れたレコードを少年たちに聞かせていた可能性はあったかもしれない。

荒井豊は中学を卒業すると、やはり、三井金属鉱業が子弟のために設立した四年制の鉱山高校の採鉱科に入学した。採鉱科のほかに、鹿間というところに、冶金科があった。創立、二年目の春であった。

この頃から、豊は音楽とは疎遠になり、得意のスポーツ一辺倒になっていった。

特に、スキーでの活躍はめざましく、豊は、岐阜の県大会で男子滑降や回転で優勝している。豊だけではない。妹の洋子も、同様に素晴らしい成績で、ふたり揃って、国体のスキーの岐阜県代表にもなっていた。

子供の頃から、雪に覆われた白一色の孔雀坂の急斜面を平気な顔で一気に滑り降りていた少年の「才能」が、ここで開花したのである。まさに、栴檀は双葉より芳し、であった。

豊の当時の目標は、猪谷千春と杉山進であった。

猪谷は、国後島で生まれ、二歳の時にスキーをはじめ、その才能を見抜いた父親の猪谷六合雄は、千春のスキーの上達のために各地に移住するなど、環境づくりに尽力した。そのおかげで、小学五年生で大人のスキー大会に特別参加し、優勝者のタイムを六秒上回ったという。いかに、猪谷の才能が素晴らしかったか、よくわかる。

荒井豊が鉱山高校に入学した年に、猪谷は、長野国体のスキー回転競技で十七歳で優勝し、その後、オスロ冬季オリンピックに出場した。結果は十一位だったが、その後、日本にいては進歩がないと、アメリカにスキー留学し、次のオリンピックに備えている。

また、杉山進は、猪谷に次ぐ日本スキー界期待の星で、二十二歳の若さで、全日本スキー選手権大会に出場、滑降、回転の二競技で優勝していた。

負けず嫌いの荒井豊が、彼らを目標に挙げたのは、ふたりと年が近かったからである。猪谷が二歳上の昭和六年生まれ、杉山が一つ上の昭和七年生まれであった。

昭和二十八年三月、採鉱科二十六名と共に、十九歳で鉱山高校を卒業した豊は、そのまま、三井金属鉱業神岡鉱業所に入社、円山坑の進窄を担当することになった。

進窄とは、ヘルメットをかぶり、坑内の先頭に立ち、削岩機で岩に穴をいくつも開け、そこに発破を仕掛けては、前へ前へと掘り進んで行く、鉱山における最前線の仕事である。

当時の豊にとって、そうした過酷な毎日の業務のなかで、唯一の楽しみは冬のスキーのトレーニングと全国で行われるスキーの大会だった。当然、栃洞スキー部に所属し、国体の岐阜県代表選手でもあった豊を、会社も応援していたからであった。したがって、豊は、猪谷や杉山と同じ大会にも出場していたのである。

豊が二十二歳の昭和三十一年一月三十一日、そんな豊を驚かせる出来事が起こった。その年、イタリアのコルチナ・ダンペッツォで開かれた冬季オリンピックのスキー回転競技で、豊の目標である猪谷千春が、日本人初の銀メダルをとったのだ。これには、全国民が狂喜した。

この時、猪谷を抑えて優勝したのが、のちに『白銀は招くよ!』という映画に主演する「黒い稲妻」、トニー・ザイラーであった。

これで、日本にも空前のスキーブームが訪れたのである。

(よし、俺もがんばろう!)

豊は、いつの日か、この飛騨の山奥から、スキー選手として世界に飛び出してやろうと心に決めた。だが、猪谷が冬季オリンピックで銀メダルを獲得したこの年、豊の人生を大きく変える「大事故」が起こった。

猪谷の銀メダルから約百日後の昭和三十一年五月九日。

豊は、円山坑内にいた。一の方である。当時の坑内の仕事は、二交代制で朝七時から午後三時までと午後三時から夜十一時まで。それぞれを一の方、二の方と呼んだ。

豊は、本来、この日は二の方だった。だが、翌日、三井金属の事業所対抗の野球大会が下関の彦島精錬所のグラウンドで行われるため、神岡鉱山の野球部の選手たちは、夜行で移動することになった。そのため、この日の勤務は、一の方に変更になったのである。

豊は、言われた通り、朝七時、ヘルメットをかぶり、作業服に着替えると、トンネルのなかの坑道に立った。そして、昨夜、二の方による掘進が終わった坑道で、同様の作業をしようと、壁に削孔機の先端を押し当て、勢いよく岩壁を掘りはじめた。

その時だった。

凄まじい轟音とともに、いきなりダイナマイトが爆発したのだ。もちろん、まだ孔も掘っていないのだから、ダイナマイトなど仕掛けていない。

豊の削孔機の先端が、前回の発破の残薬をくり当ててしまったのであった。前の工程の時、ダイナマイトが全部爆発する前に、岩が移動し、岩に残薬が押し込められた。そこに、削孔機が勢いよく突入したから、たまらない。

豊の全身に前方から岩という岩が襲いかかった。猛烈な岩ぼこりのなか、尖った岩片が豊の顔をめがけて飛んできた。顎に、頬に、そして、一瞬の間に豊の両眼に岩粉が突き刺さった。激痛が襲う。何も見えない。

岩の礫と爆風に押し倒された豊は、血まみれになりながら、よろよろと立ち上がり、立坑を探した。立坑とは、鉱山の横から掘られたいくつもの坑道を縦につないだ大きな穴である。これによって、不要になった土砂などを一気に下まで落とすことができた。豊は、深さ一〇〇メートルはあるこの穴に、自分の身を投げようとしたのであった。目の見えなくなった自分の将来を考えての咄嗟の行動であった。

フラフラと死に場所に向かう豊に、救援隊が駆けつけ、豊の身体を支えた。豊は血だらけの顔を押さえて、その場に崩れ落ちた。

「早く、坑外に運べ！　急げ！」

栃洞に、もちろん病院はあったが、大手術はできない。鉱山病院の医師は、応急処置だけを済ませると、岐阜医大に豊を搬送した。

（ああ、もうダメだ。生きていてもしかたがない）

豊は、半年間の入院生活のなかで、絶望の日々を送った。

やむを得まい。二十二歳の青年が、一瞬にして、失明の危機に陥ってしまったのだから。

そんな豊を必死で励まし続けたのが、妹の洋子であった。ふたりは、ともにスキーの国体の選手だったこともあり、洋子は兄を慕っていた。

「お兄ちゃん、目が見えるようになったら、いっしょに滑ろうよ。スキーに行こう」

「見えるようになるかなあ」

「なる、なる。絶対に、目が見えるようになるわ。あと半年の辛抱だって、先生が言ってたじゃない」

「そうか、見えるようになったらいいなあ」

豊は、結局、二度にわたる角膜手術を経て、片目の視力は失ったものの、なんとか全盲の危機は乗り越えることができた。

荒井豊が職場に正式に復帰したのは、事故から一年後のことであった。もちろん、もう坑内には戻れない豊のために、会社は購買部の仕事を用意してくれた。職員、従業員の家族のための、いまでいうスーパーマーケットのような職場であった。のちにこの購買部は神岡物産という子会社になった。

会社の温情に感謝したものの、優秀な生徒しか入学できない鉱山高校を卒業した豊にとって、それは生きる希望にはなり得なかった。もちろん、大好きな野球もスキーも二度とできない。ひょっとしたら、結婚もできないかもしれないと思った。だが、目が不自由になったとはいえ、豊は生きていかなければならなかった。

そんな豊の暗い心に、パッと灯が点ったのは、ある日、何気なく見たアメリカ映画だった。

それが、三井金属鉱業神岡鉱山が社員、従業員のために建設した立派な会館、銀嶺会館で上映されたアメリカ映画『グレン・ミラー物語』であった。

グレン・ミラー楽団は、一九四〇年前後にスターダムに上ったアメリカの楽団で、その独特の柔らかいハーモニーは、「ミラーサウンド」と呼ばれ、編曲の妙もあって、世界中で大人気となった。

映画は、トロンボーン奏者であったミラーが、作曲や編曲に興味を抱き、独学で勉強をしていたところ、当時、有名だったベン・ポラック楽団に採用されるところからはじまり、ミラー自身の実際にあったエピソードを挟みながら、「ミラーサウンド」のヒット曲が挿入されていた。

「真珠の首飾り」、「セントルイス・ブルース」、「イン・ザ・ムード」、「チャタヌガ・チューチュー」、「アメリカン・パトロール」……。

豊は、この映画のラストシーンに感動した。

第二次世界大戦になり、グレン・ミラーは空軍に入り、軍楽隊として戦場を訪問、兵士たちを勇気づけた。

やがて、パリが解放され、グレン・ミラー楽団もパリに行って、ラジオの定期的な音楽番組をパリから放送することになっていた。全員、そのためにロンドンからパリに向かったのだが、グレン・ミラーだけ別便で行くことになった。

アメリカでその番組を楽しみにしているミラーの家族に、いつものように「ムーンライト・セレナーデ」のオープニングナンバーが流れ、司会者のナレーションがはじまった。

「今晩は。今夜はパリからの演奏です。しかし、グレン・ミラーはここにいません。今からお送りする曲は、クリスマスの今夜にご遺族に捧げるために作られた曲です」

グレン・ミラーを乗せた飛行機が、ロンドンからパリに向かう上空で行方不明になったのである。

そして、団長を失ったグレン・ミラー楽団の演奏による「茶色の小びん」のメロディーが流れはじめた。

タンタンタ　タタタ　タータンタタタタタラララ　タンタンタ　タタタ……

この映画を見た荒井豊に、突然、生きる希望が生まれた。

(野球もスキーも、もうできないけれど、音楽ならできる!)

中学生の頃、バイオリンを独学で学び、卒業式で河上健治先生の指揮で、みんなで校歌を演奏したことを思い出した。


「人は、その人生で出会うべき人に必ず出会う」という。

不思議なことに、その映画を見たあと、豊はのちの人生を左右する人たちとつながりができた。いまから考えれば、出会うべき人と出会ったのだ。

最初の出会いは、たまたま家に遊びに行った小中学校の二年先輩だった。

そこで、豊は、一枚の写真を見た。それは、先輩がステージでテナーサックスを吹いている写真だった。彼は、当時、山の麓の神岡町にあった「シルバースター楽団」に所属していた。トロンボーン、トランペット、ドラムとともに、白いスーツ姿の先輩が颯爽とサックスを吹いている。豊は、思わず、「カッコいいなあ」と声を上げてしまった。

この「シルバースター」というバンドは、当時は、神岡鉱業所の「神岡マイン・ニュー・オーケストラ」より技術的には、はるかに上手だったという。

荒井豊が、まるで、スキーのスラロームのように、その人生を音楽に向かって大きく進路を変えようとした昭和三十年代初め、故郷の山奥の鉱山では「神岡マイン・ニュー・アンサンブル」、麓の町神岡では、「シルバースター楽団」と、岐阜県の僻地ともいうべき鉱山の町にふたつのバンドが競い合っていた、いまでは考えられない文化的な「いい時代」でもあったのである。

映画『グレン・ミラー物語』を見て感動した豊は、先輩のテナーサックスを吹いている、若々しい、いかにもカッコいい写真を見せられたあと、決定的な機会を得る。それが、のちの荒井豊の人生を決定した山口欣也との出会いであった。

山口は、小中学校の豊の一年先輩で、子供の頃からの顔見知りであった。山口は、豊の「事故」を知り、絶望の淵をさまよっていた豊の将来を、家族ともども心配していた。二十二歳で「事故」に遭遇し、生きる希望を失った後輩の青年に、何か手を差し伸べてあげたかった。のちに、地元の行事や大会の実行委員長として、つねに地域のまとめ役として、神岡に残って住民たちのために走りまわった山口らしい心配りであった。

山口は、躊躇なく、自分がドラマーとして所属している「神岡マイン・ニュー・アンサンブル」へ、年下の豊を誘った。

豊は、山口の友情がうれしかった。もちろん、断る理由などなかった。野球部で活躍していた頃、よく夕暮れのグラウンドにトランペットの崩したマンボの音色が風に乗って流れてきた。音が急に低くなったりして、また元にゆり戻す。

パラララーン　ラララーララー……

「上野八郎さんだ！　マイン・ニュー・アンサンブルのトランペットの……」

音のする方を見上げながら、マウンド近くで、捕手がキャッチャーマスクを外してそう教えてくれたことを思い出した。その時の軽快なマンボのリズムまで蘇った。

「荒井、あれ、なんていう曲か、知ってるか」

「知らない」

「セレソ・ローサさ」

「セレソ・ローサ」は前述の如く、キューバの音楽家で、「マンボの王様」と呼ばれたペレス・プラードがアレンジした名曲で、アメリカのヒットチャートで、二十六週連続してチャートインした曲である。

豊はまさか、その時、自分がのちにその曲を演奏するとは夢にも思っていなかった。

豊は、山口の勧めで早速、バンドマスター林正輝に会い、入部を許されると、「シルバースター楽団」で、先輩が吹いていたテナーサックスを選んだ。幸い、テナーサックスが余っていたのだ。

当時、日本中がバンドブームだったこともあり、神岡鉱山でも「神岡マイン・ニュー・アンサンブル」に入りたい若者はたくさんいた。だが、しばらくやってみたものの、あとから少し上手な若者が入ってくると、自分の限界を感じ、さっさと辞めていった。坑内での重労働のあとの練習に耐えられなかったという理由も考えられる。また、林正輝の指導が単なる趣味のサークルや同好会の域を超え、厳しかったのかもしれなかった。

そんななか、荒井豊は、以後二十年以上、「神岡マイン・ニュー・アンサンブル」の一員として、テナーサックスを吹き続けた。

しかし、それにしても、一度も吹いたことのないサックスを、豊はいったいどうやって覚えたのだろうか。そこには、「事故」により、すべてを失った青年の再起を賭けた挑戦があった。


荒井豊は、照れくさそうに、こう言った。

「最初は、音が出ないもんで、マウスピースにリードをつけただけの状態で、音が出るまでブーブー吹いたね。それから、ドレミファを練習したよ。もちろん、他のメンバーはきちんと吹けたもんで、ひとり別室で吹いたりしていた」

練習場の銀嶺会館は、いまでいう多目的ホールで、東京から呼んだ人気スターのショーはもちろん、映画会、講演会などさまざまな催しが行われていたから、出演者の控室やいくつもの小部屋があり、ひとりで練習する豊には好都合であった。満足に音も出ないメンバーなどひとりもいないのだから、誰にも迷惑をかけずに、独習するには、それしか方法がなかったのである。

タンギングと呼ばれる舌の練習からはじめた。唇を締めることも覚えた。音の出だしは舌をリードに当てたまま息を入れ、舌を放すと音が出る。

音が出るようになってからは、「ド」の音をできるだけ長く吹いた。十秒過ぎたあたりから苦しくなった。次に、同じ音を小さい音でやってみた。次に「レ」、そして「ミ」と。二十秒までできた。

「サックスは、フォルテ（強音）じゃない。ピアノ（弱音）をいかにきれいに吹けるかで、その巧拙が決まるんだ」

バンドマスター林正輝が、他のメンバーに言っていることに耳を傾け、それを忠実に練習したのだ。

運指は自然と身についた。もちろん、まだ初心者の豊に、林は何も言わない。「何も吹けなくて、よく続くな」としか見ていなかった。それも、当然のことである。

楽器はちがっても、あとから入った連中のほうが、明らかにうまかった。だが、彼らもしばらくして辞めていった。豊は、それでも辞めなかった。

かつて、スキー選手として華やかな栄光を味わった豊にとっては、ステージでテナーサックスを吹くことが人生の最後の夢であり、その頼りない夢から垂れ下がった綱に必死にしがみついていくしか、生きる希望が見つからなかったのであった。

豊は練習のない日は、サックスを家に持ち込んで、ひたすら吹いた。だが、音がうるさいと近所に迷惑をかけるので、子供用の枕を朝顔管に詰め、音が外に漏れないように気をつけながら、必死で練習を続けた。

また、レコードを聞いた。ソニー・ロリンズ、レスター・ヤング、スタン・ゲッツ、ジョン・コルトレーン、サム・テイラー、松本英彦……。もちろん、グレン・ミラーの曲も何度も聞いた。特に、映画のラストで流れた「茶色の小びん」が好きだった。

ある日、豊は「茶色の小びん」のメロディーを口ずさみながら、かつて器楽部時代によく練習した中学校の音楽室を訪れ、ピアノの鍵盤蓋をそっと上げ、覚えていた「茶色の小びん」のメロディーを弾いてみた。

ミソソ　ファララ　シシラシ　ドレミ
ミソソ　ファララ　シシラシ　ド　ド
ミドソ　ファララ　シシラシ　ドレミ

ミドソ　ファララ　シシラシ　ド　ド

音を確認すると、豊は楽譜に書き起こしてみた。子供の頃、ハーモニカやバイオリンをやっていたので楽譜も読めたのである。そして、今度は、その楽譜を見ながら、サックスで正しい音が出るまで練習した。

（出来た！　よし、この調子だ）

豊は、さまざまな曲を八小節ずつ、レコードから耳で覚えてピアノで弾いて、楽譜に起こした。自分なりの練習曲集を作ったのである。もちろん、グレン・ミラーの曲からはじめた。

この音程練習には、腹圧が重要だ。幸い、スキーや野球で鍛えた腹筋は誰にも負けない。

一年が経過した。

「荒井君、そろそろ一緒に練習しないか」

サックスのパートのメンバーたちから、はじめて、そう言われた時、豊は震えるような感動を味わった。

（よかった、ようやく努力が認められた！）

こうして、豊は、サックスパートだけの練習に加わり、バンドマスター林正輝が編曲してくれたテナーサックスのパートの楽譜を見ることができた。だが、目が不自由なために楽譜が見えない。特に、暗くなると困った。

昭和三十四年九月二十日、日曜日。第二回日本産業音楽祭中部大会が名古屋市愛知講堂で開かれた。これは、職場の音楽を会社公認のものに発展させ、従業員間の親交を深め、それを以て生産性の向上に寄与しようという意図で、一年前の昭和三十三年に朝日新聞社の後援によってはじめられた音楽コンクールの中部大会であった。

言い換えれば、中部地区の大企業のコーラス部、軽音楽部、さらには管弦楽団、マンドリンクラブなどが日頃の成果を競う大会でもあった。

参加した主な企業は、日本通運名古屋支店、東洋レーヨン愛知工場、倉敷紡績木曽川工場、松坂屋、大日本紡績、東邦ガス、新三菱重工名古屋、日本硝子等であった。

三井金属が参加したのは、この大会がはじめてであった。しかも、「神岡マイン・ニュー・アンサンブル」は、なんと、出場チームの一番であった。当時のプログラムによれば、出演時間は九時三十分、曲目は「黒田節（ブギ）」、「ラ・パルマ（ルンバ）」、「イン・ザ・ムード（スイング）」。すべて、林正輝編曲で、総勢十八名と書かれている。

荒井豊は、この時、はじめて大きなステージでテナーサックスを吹いた。あの地獄のような事故から、三年後のことだった。

「いやあ、もう緊張して、緊張して。まわりの音が何にも聞こえんでねえ、まるでひとりで吹いているようだったわ」

眼鏡の奥の瞳が細くなった。

それから二年後の昭和三十六年に結婚、ふたりの子供をもうけ、やがて、「神岡マイン・ニュー・アンサンブル」のサックスパートの重要なメンバーとなり、ソロを吹くまでになった。

元スキーの国体の選手だった荒井豊は、鉱山における事故で、二十二歳で片目を失明するという激しい挫折から数十年、鉱山の楽団を通して、こうして立派に生き抜いて見せた。

どんな時にも、希望は失ってはいけない――。

それは、誰にでもある「人生」という名のゲレンデで彼が見せた、見事なスラロームだったのかもしれない。

第四章　あんちゃん

四十年の長きにわたって続いた鉱山の楽団「神岡マイン・ニュー・アンサンブル」――。その歴史を追うにあたって、どうしても会って話を聞いておかなければならない人がいることがわかったのは、サックス奏者だった荒井豊に話を聞いた五日後のことだった。

名古屋の陸上自衛隊音楽隊から「神岡マイン・ニュー・アンサンブル」に入った異色のトロンボーン奏者、橋詰廣史を飛騨高山の自宅に訪ねた時、話のなかで「それは、あんちゃんに聞かんとわからんな」という言葉が何度も出てきたからであった。

「なにしろ、あんちゃんは昭和二十八年、鉱山高校一年生から、マイン・ニュー・アンサンブルのメンバーで、トランペット吹いとったからなあ」

鉱山高校一年といえば、まだ十五歳か十六歳。そんな若くから楽団に入っていれば、きっといろいろ見聞きしているにちがいない。そして、謎のバンドマスター、林正輝のことを含めて、鉱山の楽団についていて、かなりの情報を持っているだろう。しかも、「神岡マイン・ニュー・アンサンブル」が東京に見参した時に、第一トランペットを担当していたという。

そんな人がいるなら、どうしても会って話を聞きたいと思った私は、橋詰廣史から兄の携帯電話の番号を聞き、その場であんちゃんにかけてみた。

「ああ、あなたがなんやマイン・ニュー・アンサンブルを調べとるということは、廣史から聞いてますわ」

散歩の途中で、いま、ファミリーレストランでお茶を飲んでいるというあんちゃんは、私に「マイン・ニュー・アンサンブルを語るなら、中学のブラスバンドと電蓄と津田秋義。この三つの話をせんと」と話し、「まあ、電話ではなんやで、大阪に来てくれたら話すから」と言って電話は切れた。

中学のブラスバンドと電蓄と津田秋義？

なんだろう。どうやら、この三つは、伝説のビッグバンド「神岡マイン・ニュー・アンサンブル」をさらに深く知るための重要なキーワードらしい。

何はともあれ、私はあんちゃんを訪ねてみることにした。

バンドマスターの林正輝が亡くなっている以上、あんちゃんは、私にとって、鉱山の楽団に関する生き字引になるかもしれないからである。

あんちゃんとは、私が飛騨高山で会ったトロンボーン奏者、橋詰廣史の六歳上の兄、橋詰外幸である。

しかも、聞けば、「神岡マイン・ニュー・アンサンブル」でトランペットを颯爽と吹くあんちゃんに憧れて入った橋詰家の四男廣史とその下の弟たち、五男数弘、六男健治、七男修も含めれば、なんと、橋詰家では五兄弟が「神岡マイン・ニュー・アンサンブル」に所属していたことがあるということになる。これも、おもしろい。

台風の前ぶれか、朝から強い雨と風が吹くなか、私は大阪府吹田市のあんちゃんの家を訪ねた。

あんちゃんこと橋詰外幸は大阪、北大阪急行線桃山台駅前で、時折、風に揺れ、飛ばされそうになる雨傘をしっかりと握りながら、満面の笑顔で私を迎えてくれた。

橋詰外幸は、昭和十二年十一月九日、神岡町栃洞の通洞の社宅で、橋詰家の男ばかりの七人兄弟の次男として生まれている。父親は、当然のことながら、栃洞坑で働いていた。

長男輝一は子供の頃に亡くなり、三男英雄も二十八歳の時に亡くなっている。

したがって、外幸は、残った四人の弟たちとは、かなり年も離れ、末弟の七男修とは十三歳もちがう。弟たちが、「あんちゃん」と慕うのも、老いた親に代わって、ここまでずっと彼らの相談に乗ってきたからであろう。弟たちが憧れの「神岡マイン・ニュー・アンサンブル」に入部できたのも、もちろん「あんちゃん」のおかげである。

私は、橋詰家に招き入れられた。早速、事情を説明し、気になっていた「ブラスバンド・電蓄・津田秋義」について尋ねた。

すると、橋詰外幸は前もって用意してあった資料を取り出し、真剣な顔で、鉱山の楽団の歴史を語る上で絶対に不可欠だと言う三題噺のひとつ、「ブラスバンド」から、まず話しはじめた。

あんちゃんは、いったい私に何を訴えたいのだろうか。

橋詰外幸が栃洞中学校（当時の校名は私立神岡第一中学校）に入学した昭和二十五年、学内にはじめてブラスバンド部が誕生した。

『栃洞校史』には、こう書かれている。

ブラスバンド部

会社と育友会との多額な経費によって、二十五年四月より吹奏楽器の購入をはじめ、予定編成の楽器が全部揃ったのが同年六月の下旬だった。この学校始まって以来の大きな変わった楽器の設備であった。

機熟せり、直ちに吹奏楽員の募集選考を始めたが、さすがに時代を反映して音楽的関心と憧れを抱く希望者が続出、楽器の吹奏テストの時など、押すな押すなの盛況振りで、二人の選考係も面食らった態であった。

肺活量検査や楽器吹奏テスト等、適性検査が規則正しく行われ、本格的に楽員が決定したのは七月二十日頃であった。

さあ、いよいよ練習である。楽員の誰もが生まれて始めて手にする立派な楽器、楽員の顔、顔、顔。誰もが明朗そのものであり、喜びは面に満ちあふれ、胸は大きく波うっていた。（中略）

かくして一応楽器の取り扱いや吹き込み、発音音階練習ができる様になったのが七月二十五日頃、簡単な小曲が吹奏し得る様になったのは、ちょうど一ヶ月を経過した八月の終わり頃であった。

そこで個人の技術向上と楽曲を会得する必要が生じ、久々野村在住の旧陸軍々楽隊出身の久保田福太郎氏を講師として四日間招待し、連日猛練習を行った。その練習たるや文字通りの猛練習で、生徒のお互の励まし合いや努力によって見違える程の進歩上達を示し、興味も増々加わって相当な大曲を吹奏出来得るようになったのは、たのもしい限りであった。

『栃洞校史』について、あれこれ言うつもりはまったくありませんが、ブラスバンドができた経緯に関して、僕の記憶ではこうです」

あんちゃんが、『栃洞校史』のこの記述に疑問を呈するのも無理はない。

たしかに、『校史』を読むと、飛騨の山奥、神岡鉱山で働く従業員たちの子弟たちのための学校のブラスバンド部に楽器が揃ったのが六月下旬、部員のパートが決まり、楽器が手渡されたのが七月二十日頃、音階練習ができるようになったのが七月二十五日頃、簡単な曲なら吹けるようになったのが八月下旬。そして、四日間、旧軍楽隊の人に見てもらって、大曲を演奏できるようになったことになっている。

はたして、はじめて楽器を手にした子供たちが、わずかひと月で大曲をマスターできるものだろうか……。

ともあれ、当時中学一年生だった橋詰外幸の話を聞いてみた。彼の記憶では次のようであった。

中学校にブラスバンド部が出来るというので、一年生男子全員、音楽室に集められた。外幸も参加してみると、まず二人の先生、河上先生と久保田先生の前で生徒たちは、楽器を吹かされた。

河上先生とは、前章の荒井の章に登場し、「家に音の出るものがあったらなんでもええから持って来い」と言った河上健治である。これは、その話の四年後のことになる。

楽器は、トランペットだった。

小さなマウスピースに口をあて、息を吹き込み、音を出す。同級生は「スースー」というだけで、まったく音が出なかった。音の出なかった者は、音の出やすいトロンボーンやアルトホルン、小バスを吹いた。ところが、外幸は、トランペットの音が簡単に出た。

なぜ、出たか。それは、彼にこんな経緯があるからである。

外幸がまだ小学校の低学年だった頃、「新洞のあんま」と呼ばれる母方の叔父が進軍ラッパを持ったまま、戦地から帰還した。「あんま」とは、飛騨の方言で、長男ということである。

その時、叔父は小学生だった外幸に「吹いてみろ」と言って、ラッパを渡した。やってみると、「プォ〜」という気の抜けた音がした。すると叔父は、「ダメじゃ、ダメじゃ、こうやって吹くんや」と言って、「タタタタ　タタタタ　タッカタッタッカター」と見事に吹き、ラッパの吹き方を教えてくれた。進軍ラッパは、叔父がそのまま持って帰ってしまったが、外幸の唇は、その感触を覚えていた。だから、簡単に音が出た。

「はい、君はコルネット」

先生は、そう言った。合格だった。コルネットとは、トランペットに似た金管楽器だが、トランペットより柔らかい音が出る。同級生で親友の八賀正史はトロンボーン、佐々木浩史はクラリネットに決まった。

この時、多くの入部希望者のなかから、先生は圧倒的に一年生を多数入部させたという。外幸の記憶によれば、二年生は四人、三年生はわずか二名、それ以外は一年生だった。せっかく楽器を吹けるように教えても、上級生はすぐに卒業していく。ならば、一年生をしっかり教えて、ブラスバンド創部三年目に花を咲かせようという計画だったのかもしれない。

最初は全員、決めてもらったそれぞれの楽器で、一日じゅうロングトーンの練習をさせられ、唇は腫れ上がり、その痛みは家に帰っても消えなかった。それができると、音の強弱の練習。最初は強く太く、最後は弱く長く。そして、それから、ドレミファソラシドの音階に移った。この基礎練習は、その後、ブラスバンド部の基本練習になった。

そんなある日、久保田先生がコルネットで「木曽節」を吹いてみせた。外幸は、その時のコルネットの哀調を帯びた高く美しい響きをいまでも覚えているという。

楽器の手入れも、取り扱い方も厳しかった。

それもある程度できるようになると、部員たちに、先生は、三つの曲を徹底的に教えてくれた。その三曲とは、「木曽節」、「証城寺の狸囃子」それに、行進曲「希望にみちて」だった。

一年生を中心としたブラスバンドは、一生懸命練習をしたが、この三曲を教えてくれたその先生は、しばらくして、さっさと岐阜に帰っていってしまった。

外幸の記憶によれば、この先生が『校史』ではわずか四日間だけ猛訓練をしたことになっている旧陸軍軍楽隊に在籍していた久保田福太郎ではなかったかというのである。

しかし、当時、久保田先生の下の名前までは覚えていないし、旧陸軍軍楽隊出身であったことも知らなかった。ただ『校史』に書かれている「四日間招待し」は明らかな間違いで、三～四ヵ月は毎日習ったという。


あんちゃんが中学二年生になった時、学校が火事になった。

『校史』によれば、昭和二十六年五月十四日午後九時二十分のことである。

隣の鉱山高校校舎北側二階から出火した火が折からの南風に煽られ、瞬く間に広がり、栃洞小中学校も類焼し、約一時間半ほどで七棟、計千二十七坪が全焼した。

教室を失った児童・生徒たちは寺や各地区の集会所などが分校となり、不自由ながら勉強を再開したが、幸いなことに、なんとか厳しい冬が来る前に新校舎が完成した。

さて、ブラスバンドである。

もちろん、せっかく揃った楽器もすべて焼けてしまった。

実は、この火事の際、二階の窓から火の手が上がるなか、一階の音楽室から、かなりの楽器を持ち出し、道路上に置いて、「ピアノ、ピアノ、誰か来て！」と叫びながら、再び校舎内に飛び込んでいった鉱山高校の生徒がいた。彼の名前は津田秋義。

その津田の必死な姿を、橋詰外幸はその目にはっきりと記憶していた。そのことを学校に報告したが、まったく無視されたという。運び出されたはずの楽器も見つからなかった。これは、『校史』には載っていない。

（運び出された楽器は、どうなったのだろう？）

いまだに、外幸は不思議がる。

結局、ブラスバンド部員は楽器のないまま、二年生の秋を迎えた。その時、会社と育友会が多額の援助をしてくれて、再び楽器が揃った。育友会とは、ＰＴＡであろう。『校史』と照らし合わせてみると、会社と育友会がブラスバンド部誕生の時と、翌年の火事の際と、二年連続で楽器を寄付したことになる。楽器はかなり高価である。

その当時、ブラスバンド部の部員だった橋詰外幸が、『校史』のなかのブラスバンドの項の記述を訝(いぶか)しがるのも無理はない。

ともあれ、外幸の記憶の続きを記述しておく。

楽器が揃い、ブラスバンド部も復活した。だが、相変わらず演奏できる曲は、「木曽節」、「証城寺の狸囃子」、「希望にみちて」の三曲だった。なぜなら、岐阜に帰ってしまった先生以外に、吹奏楽の演奏を指導できる先生は当時、栃洞中学校には誰もいなかったからである。

一応、ブラスバンド部の顧問として、先の河上健治がいたが、実は、彼は音楽に関してはまったく門外漢であったようだ。その証拠に、演奏の際には、河上先生が指揮をとるのだが、ある催しで、ブラスバンド部の演奏が終わっても、まだタクトを振っていて、観衆の失笑をかったというエピソードが残っている。以来、河上先生は、ブラスバンドの指揮をする時は、外幸に「曲が終わりに近づいたら知らせるように」との指示を与えたという。

つまり、三井金属が経営母体である中学校のブラスバンド部の草創期は、楽器は揃えてあったものの、指導者まで手が回らなかったことになる。

そこで、あんちゃんの話は、三題噺の二つ目、「電蓄」に移った。

「いっしょにブラスバンド部に入った佐々木浩史というのが、エラ様の子でね、とにかく私らの家とは比べ物にならないくらいの金持ちで、家に電蓄があったんですよ」

「エラ様」とは、当時の現地採用の従業員が、本社から派遣されてやってきた大卒の上級社員を指す言葉である。

昭和二十五年に、すでに電蓄があったというのだから、エラ様のなかでも、佐々木家はかなり裕福な家だったにちがいない。

あんちゃんと八賀正史は、仲よしの佐々木に「親に言って、小遣いもらって来いよ」とよく頼んだ。なぜなら、当時、五百円あれば、二枚、ＳＰ盤（10インチ盤）レコードが買えたからである。そして、お金が手に入ると、三人で山を下り、麓の神岡町の佐藤レコード店で、一枚二百五十円のマーチのレコードを買ってきては、佐々木の家の電蓄で聞いた。

昭和の価格表で昭和二十五年の物価を見ると、食パン一斤二十三円、そば十五円、銭湯大人十円、煙草ゴールデンバットが三十円の時代の五百円である。子供に五百円の小遣いを惜しげもなく渡せた佐々木家がいかに裕福だったたか、それだけでもわかる。

だが、それは決して、無駄遣いではなかった。

「おおー、いいなあ」

「この曲。演奏したいなあ」

買ったレコードを佐々木家の電蓄で、少年たちは目を輝かせ、憧れを持って聞き惚れていたのだから。佐々木浩史が親からせびりとった五百円が、僻地の少年に、はるかな夢を与えたのである。

そんなある日のこと、ブラスバンド部員は、以前から音楽室の棚のなかにあった譜面に気がついた。

「これって、佐々木君の家で聞いた『君が代行進曲』の楽譜じゃないか」

ブラスバンド部員の中沢外輝夫が、びっくりしたように言った。

外幸も、八賀も思わず見入った。そして、声をそろえて言った。

「そうらしいなあ」

「君が代行進曲」のレコードは、麓の町神岡の佐藤レコード店で買って、佐々木の家の電蓄で聞いて感激したばかりだが、目の前の楽譜が、その曲の譜面かどうかわからない。なぜなら、外幸たちが楽譜を読めないからである。

そこで、登場するのが三題噺の大トリ、「津田秋義」である。

津田は、先の荒井豊と同級だから、昭和八年生まれ。外幸たちの四年上で、外幸らが中学二年であれば、当時、津田は栃洞小中学校を出て、鉱山高校の三年生であった。

津田は幸いなことに、小中学校の先輩であり、同じ通洞の社宅に住んでいたから、外幸は津田を幼い時からよく知っていた。津田の父親が、いつもゲンという犬を連れて鉄砲を担いで山鳥を撃ちに行く姿を見ているくらいであった。

そして、何より、津田はあの当時、めずらしく、子供の頃からピアノが弾けた。いつも、学校の音楽室でピアノを弾いているような音楽好きの少年であった。

この津田秋義は、鉱山高校を卒業すると、三井金属鉱業には入社せず、愛知学芸大学（現・愛知教育大学）の音楽科に進み、二年生を終えた時に東京芸術大学の委託生として転学。

大学時代はホルン奏者として活躍し、東京芸大卒業後は、愛知県の中学校の教員を経て、昭和四十年から名古屋北高校に赴任。定年まで勤務。北高では合唱部の顧問として、合唱コンクールで何度も全国大会に出場するなど、北高を合唱名門校に育て上げた人物である。途中で、塩田姓になってはいるが、愛知県の合唱関係者の間では、いまでも、かなり著名な先生である。

この津田が、外幸にとって、いや、「神岡マイン・ニュー・アンサンブル」にとって、重要な鍵を握っているというのだ。

あんちゃんたちは、音楽室の棚にあったそのブラスバンド用のスコアを持って、学校の音楽室で先輩の津田を待った。津田は、トランペットは吹けない。ただ、楽譜は読めた。彼は決して嫌がることなく、「君が代行進曲」のトランペットやトロンボーン、クラリネットの譜をピアノで弾いてくれた。

そして、津田は後輩たちに「これはソ」、「これはミ」と楽譜の読み方を教えた。外幸たちは、楽譜の下にドレミをカタカナで書いた。この時、初めて外幸は、自分のトランペットがB♭の楽器で、譜面のドがピアノの鍵盤のどれにあたるのかがわかった。

これはどういうことか、詳しいことは省略するが、楽器にはそれぞれ「キー」というものがあり、一般にピアノの「ド」はCで、トランペットはB♭。つまり、ピアノの「ド」の音をトランペットで出そうとすれば「レ」になるということである。しかし、同じトランペットでも、キーがCのものもあれば、E♭のものもある。だが、吹奏楽では、百パーセント、「B♭トランペット」だということを、外幸がこの時、知ったということだろう。

次第に吹奏楽がおもしろくなった外幸は、また佐々木の家に行き、レコードを何回も聞いて、メロディーを覚えた。翌日、学校に行くと、楽譜の下のカタカナを頼りに、演奏をしてみた。譜面は読めなかったものの、いつの間にか、覚えたメロディーでカタカナを頼りに吹けるようになっていた。

佐々木の小遣いでレコードを買い、電蓄で聞いて興奮し、そのスコアを学校の棚で見つけ、それを津田にピアノで弾いてもらって、音符を楽譜の下にカタカナで書く。そして、それを持ち帰り、他の部員たちに教え、一生懸命練習する。こうして、「君が代行進曲」と「軍艦マーチ」は、すぐに自分たちのレパートリーになった。

楽譜も満足に読めない生徒たちのブラスバンドかとバカにされるかもしれない。だが、情熱と継続は、彼らの技術の向上につながった。あんちゃんたちのそうした努力が、やがて、大輪の花を咲かせたのである。

そして三人は、演奏したい曲が決まると、ブラスバンド部の顧問の河上先生にバンドスコアを買ってくれるように頼んだ。しばらくして、注文していないものまで、スコアがたくさん渡された。だが、外幸たちは、レコードにない曲には興味がなく、せっかく買ってもらったスコアを音楽室の棚にしまってしまった。譜面を読めない悲しさであった。

中学三年生になった時、あんちゃんたちのレパートリーは、それまでの「木曽節」、「証城寺の狸囃子」、「希望にみちて」以外に、校歌、応援歌はもちろん、「君が代行進曲」、「軍艦マーチ」、「双頭の鷲の旗の下に」「星条旗よ永遠なれ」、「勝利の父」、「暁に祈る」など、確実に増えていた。誰も指導者のいないブラスバンド部で、まさに、自分たちで磨きに磨いた曲だった。

これには、先生や父兄が驚いた。

「この子ら、何も教えていないのに、こんなにどうやって上手になったんやろう」

あちこちから、そんな声が聞こえた。

当時、三井金属鉱業が経営するこうした小中学校は、神岡鉱業所内のあちこちの鉱山にあった。茂住坑、大津山坑、下之本坑で働く従業員の子弟たちのための小中学校がそれだった。

外幸らの栃洞中学校のブラスバンド部は、ある時は徒歩で山を下り、鹿間でトロッコに乗り込み、昼は、茂住坑の小学校の生徒たちのために、そして夜は、父兄や従業員のために演奏した。翌日は、大津山での演奏である。大津山はかなり高いところにある鉱山であった。そのため、ふだんは資材運搬のために使う鉄索を使って楽器を運んだ。楽器が青空の下、山脈をぐんぐん登っていった。生徒たちは、急峻な山道を歩いて登った。

もちろん、娯楽の少ないその地域の生徒や父兄が、外幸らの演奏を喜んだことはいうまでもなかった。「軍艦マーチ」を演奏すると、父兄から「エーッ」という声が上がった。ＧＨＱの指示で、軍歌がまだ禁止されていた時代だったからである。

その頃、あんちゃんたちは、栃洞坑に、そこで働く大人たちによる「神岡マイン・ニュー・アンサンブル」というバンドがあることをすでに知っていた。

「ちょっと見に行こうか」

興味津々の橋詰外幸、八賀正史、佐々木浩史ら中学生ブラスバンド部の五、六人は、「神岡マイン・ニュー・アンサンブル」が練習している銀嶺会館を訪ね、練習の様子をのぞいた。

彼らの練習曲を聞いて、あんちゃんは驚いた。

練習している曲は、当時、ヒットしていた歌謡曲だった。高田浩吉の「大江戸出世小唄」、ディック・ミネ「旅姿三人男」……。まさに、歌謡曲の伴奏専門のバンドだった。

〽清水港の〜〜名物〜は〜

高島忠夫の歌も練習していた。

〽パパラブズマンボ〜

聞くだけなら、それなりに楽しいが、あんちゃんには、自分たちが演奏しているマーチに比べて、音楽的にもの足りなかった。

しかも、その練習もスムーズではなかった。まだ中学生の外幸たちが覗き見をしていることを知ってか知らずか、メンバーたちが、喧々囂々、自分たちの言いたいことばかり言っている。誰がバンドマスターなのか、外幸たちにはわからないほど、統率がとれていなかった。

これは、新しい情報だった。林正輝というリーダーがまだこの段階ではきちっと確立していなかったことを意味するからだ。あんちゃんが中学三年生ということは、昭和二十七年。林はその時、二十五歳であった。

「おい、トランペットやトロンボーンの音は出てないなあ」

「俺たちのほうがはるかに高い音が出るよなあ」

八賀と佐々木が思わず、そう、つぶやいた時、練習場で、バンドマンたちの言い争う声が一段と大きくなった。

「おい、帰らんか」

「そうやなあ」

あんちゃんは、ほかの仲間を促すと、まるで危険を察知した小動物のように、勢いよくその場を離れた。なんだか、子供心にも、その場に居合わせてはいけないと思ったからであった。

やがて、中学卒業を控えて、誰もが進学か就職かの岐路に立たされた。

親友の八賀も佐々木も、普通高校に進学し、大学に行くことが約束されていた。彼らは父親が三井金属鉱業の上級社員だったからである。一方、外幸の父は、十四歳から坑内で働いていた。

当時、同じ三井金属鉱業神岡鉱業所の栃洞坑で働いていても、上級社員と従業員の差は歴然としていた。したがって、八賀や佐々木の家に比べて、はるかに貧しかった橋詰家の実質的な長男である外幸は、高校進学など夢のまた夢であった。

下にたくさんの弟がいる以上、あんちゃんは、みんなのあんちゃんらしく、栃洞中学校を卒業したら、すぐにでも家を出て、家族のために、働いて仕送りをしなければならなかったからである。

それが、あんちゃんの宿命だった。

この頃、外幸の父は、いつもあんちゃんにこう言っていた。

「外幸が働くようになれば、うちも少しは楽になるんだ。鉄屑屋でお前のことを使ってくれるそうだから、そこに勤めろ。金も結構いいぞ」と。

外幸は、高校に行って、ブラスバンドを続けたかった。この鉱山で、いつまでもトランペットを仲間たちの先頭に立って吹いていたかった。だが、それも叶わぬ夢だと思われた。地元の鉄屑屋で働くのは恥ずかしかった。しかし、たとえ、鉄屑屋への就職を断りきれても、家のために名古屋か富山に働きに出るしか方法はなかった。

そんな時には、あんちゃんは近くの大斜面、孔雀坂に行って、思い切りトランペットを吹いた。夕焼けのなか、飛騨の山奥に似合わない「木曽節」の高く澄んだメロディーが茜雲に吸い込まれていった。

ある日のこと、そんな外幸に遥かかなたから差し込んでくる一筋の希望の光が見えた。

それは、鉱山高校への進学だった。三井金属が経営する四年制の鉱山高校に入れば、一年生でも三井金属から給料が出た。しかも、卒業すれば、鉱山に就職できた。それなら、父親の許しがもらえ、トランペットを一生吹き続けることも可能であった。

だが、鉱山高校には、毎年十数人しか合格できない。外幸の学力では、よほど、勉強しなければ入学できなかった。

(よし、いまからでも遅くない。俺の一生がかかっている。勉強しよう!)

あんちゃんは、自分の夢を叶えるべく、自らを激しく叱咤したのであった。

「いま振り返ってみても、あの時が私の人生の最初の分岐点ですね」

橋詰外幸は、私にそう言って、座り直した。

「クラスに、勉強のできる子がいたんですよ。僕は、その子に聞いたんです。どうしたら、君のように勉強ができるようになるのか、と」

外幸はクラスの優等生、白川賢治に本気で「勉強を教えてくれ」と頼んだ。はじめてのことだった。

「白川、俺、どうしても鉱山高校に入りてえ……」

それから、あんちゃんの陰の努力がはじまった。あんちゃんは、寝る間も惜しんで勉強をした。勉強部屋などない。狭い家には、両親と五人の弟がいた。夜になると、白川に連れられて、学校の先生の家に行った。そこなら、勉強も教えてもらえるからであった。わからないことは、白川賢治に、それでも理解ができないと、勇気を奮って、先生に聞いた。あんちゃんは、急に勉強がおもしろくなった。

「それがねえ、鉱山高校に受かったんですよ。白川君に感謝です」

橋詰外幸は、私にそう言って、楽しそうに笑った。

「僕は、本当にラッキーだったと思いますね。家が貧しいですし、県立高校すら行かせてもらえませんでしたから。こうして、今日があるのも白川君と先生たちのおかげです」

あんちゃんは、自分の力で人生を切り開き、入学と同時に給料のもらえる鉱山高校に入ることができたのだった。

あんちゃんは、鉱山高校一年生の時に、当時、一万二千円のニッカンのトランペットを買い、地元の県立船津高校に入学した八賀正史と連れ立って、勇躍、当時の鉱山で働く大人たちのバンド「神岡マイン・ニュー・アンサンブル」に入った。

昭和二十八年四月。その時、あんちゃんは、まだ十五歳であった。

この情報にも驚いた。坑内労働者のバンドだとばかり思っていたら、鉱山高校や他の高校の生徒も参加していたからだ。

二人の高校生が「神岡マイン・ニュー・アンサンブル」に入部すると、楽団のメンバーたちに動揺が走った。なぜなら、その二人が吹いた楽器の音色が高音まで圧倒的によく出たからである。

彼らから見れば、外幸たちの顔や姿は明らかに子供である。もちろん、人生経験もない。人間的には、はるかに自分のほうが上だが、残念ながら管楽器を吹かせたら、少年たちが、はるかにいい音を出したのであった。

ちなみに、外幸が入部した頃のメンバーは、次の通りである。

船山夏雄部長（アコーディオン）、池田秋津副部長（バイオリン）、金子正男（マネージャー）、山口欣也（ドラム）、新井春雄（アコーディオン）、石橋栄一（ベース）、山田虎男（マラカス）、安部一江（ギター）、林正輝（アルトサックス）、島敏一（クラリネット）、上野八郎（トランペット）、浜田七三（トランペット）、井辺末広（トロンボーン）、その他、バイオリンが二名。

そこへ、高校一年生の八賀正史（トロンボーン）、橋詰外幸（トランペット）が参加したのである。

橋詰外幸によれば、当時、船山はエラ様で、笠ケ岳鉱山長であったが、休山後、神岡鉱山に勤務しながら、鉱山高校の教師を兼ねていたという。また、バイオリンの名手池田秋津もエラ様で、のちに「神岡マイン・ニュー・アンサンブル」が東京の共立講堂に出演した時の部長として、観衆を前に挨拶したことは第二章の冒頭で書いた。

さて、高校生が鉱山の楽団に入部した話の続きである。

一見、怖いものナシのあんちゃんたちだったが、譜面を見て、吹けるようになるにはまだ時間がかかった。それを知った島敏一が、あんちゃんに懇切丁寧に教えてくれた。外幸にとって、島は久保田福太郎、河上健治、津田秋義に次ぐ四番目の先生になった。

特に、島は、外幸が惚れ惚れするほどの音楽的な才能にあふれ、クラリネットもサックス、ギターもうまく、なによりダンスが卓越していた。東京育ちだとも聞いた。

外幸は、この島からその時、練習の合間に教わったジルバやマンボ、ルンバなどのダンスの影響で、八十歳近い現在でも、プロのダンス教師として、大阪で「ソシアルダンス橋詰スタジオ」を主宰しているだけでなく、公益法人日本ダンス議会西部総局運営委員、兵庫県支局長をはじめ、公認の競技会審査員として日本のダンス業界の重鎮になっている。

ちなみに、あんちゃんにダンスを教えた島は、栃洞坑内で働き、その間、「神岡マイン・ニュー・アンサンブル」で活躍したが、定年前の昭和三十七年に東京に帰り、その後の消息は不明である。

鉱山高校二年生になると、あの電蓄でレコードを聞いた佐々木浩史も入部してきた。

だが、鉱山高校の三年、四年になると、外幸は演奏に参加する余裕もなくなった。鉱山高校は、三年から昼間は鉱山で実習し、夜は勉強をするという二年間のカリキュラムだったからである。

また、八賀、佐々木も同じであった。大学進学を控えた者たちは受験勉強をしなければならなくなるし、あんちゃんが鉱山高校四年生になる時は、八賀も佐々木も大学に進学し、八賀は京都に、佐々木は名古屋に行ってしまった。

佐々木は、音楽大学進学を目指していたが、親に猛反対され、一般の大学に合格したものの、留年、留年の繰り返し。しかたなく音楽大学への入学を親が許し、武蔵野音大へ進学。水を得た魚のように、佐々木はその後、ジャズシンガー武井義明のバンドに入って活躍した。

一方、昭和三十二年三月に鉱山高校を卒業し、栃洞坑内で進窄の仕事をするようになったあんちゃんは、十九歳で再び「神岡マイン・ニュー・アンサンブル」に戻った。中学、高校と同級生だった丸亀新一といっしょだった。

あんちゃんは、給料を貯め、三万五千円という、当時、日本製では最も高価なニッカンジャパン製のトランペットを手に毎日、吹きまくった。このトランペットは、その後五十五年間、手入れをしながら手元に思い出とともに置いてあったが、いま、孫の真友里の手に渡っている。

ちなみに、この年の後半、前章の荒井豊が入部している。

「おい、俺たちの時代がやってきたぜ」

外幸は、二度目の入部から一年が経過する頃、中学時代のブラスバンド部の卒業生を「神岡マイン・ニュー・アンサンブル」に積極的に入部させた。これが、のちの「神岡マイン・ニュー・アンサンブル」の発展、大活躍につながった人材だった。

横山勇、中沢外輝夫、山本外也、松井一徳、そして、いっしょに勉強した白川賢治も入ってきた。さらに、二年後の昭和三十五年春には、後輩の田村一司、古田憲雄、平野孝志も入った。中学でのロングトーンの猛特訓に耐えたメンバーの入部は、トランペットを中心とするブラスセクションの充実に明らかにつながっていった。

言い換えれば、この段階で「神岡マイン・ニュー・アンサンブル」のメンバーの多くが、外幸と同じ、栃洞中学校のブラスバンド部出身者で、鉱山高校を卒業し、鉱山に採用されたメンバーで固められたわけである。

これが、私が飛騨高山からかけた携帯電話に、あんちゃんが答えた「中学のブラスバンド部」、「電蓄」、「津田秋義」という三題噺の結論であった。


それにしても、当時の「神岡マイン・ニュー・アンサンブル」は、いま思えば、大変に若い楽団である。なにしろ、メンバーの半分以上が十六歳から二十三歳であった。そのせいか、全員お揃いで作った白いスーツがよく似合った。

あんちゃんは、二十二歳で金管楽器のリーダーとして、バンドマスター林の下で、みんなをまとめた。この時、林正輝は三十二歳。

ラテンバンドを目指してきた「神岡マイン・ニュー・アンサンブル」のトランペットはスターだった。あんちゃんは、得意になって吹いた。いつの間にか、橋詰外幸は「神岡マイン・ニュー・アンサンブル」の花形トランペッターになっていた。そして、彼の活躍によって、楽団はそれまでの歌謡曲バンドから大きく成長し、そのテクニックの上達とともに、華やかになっていった。

そこには、たくさんの弟がいる家庭を支えるあんちゃんの苦労などは、微塵も感じさせなかった。

だが、実は、橋詰外幸は、一家を支えるために、坑内の仕事も懸命にしていたことも付け加えておかなければならない。その姿は、とても白いスーツ姿で、ステージでソロを吹く花形トランペッターとは思えない、汗と泥にまみれた毎日だったのである。

あんちゃんの仕事は、坑内最前線の進窄である。それも六階級に分かれ、危険な仕事を率先して従事すればするほど、給料が高かった。あんちゃんは家族を支えるため、危険をかえりみず必死で技術を習得し、二級まで行った。三級で親方になれるのだから、いわば、現場のエリートになったのだった。会社もまた、外幸たち、若き従業員を競争させ、坑内のリーダーを育てようとした時代だった。しかし、ステージでは、そんな泥臭さも見せず、客席に向かって立ち上がり、華麗にトランペットのソロを吹いている。

弟たちは、そんなあんちゃんに憧れた。

「あんちゃん、俺もあんちゃんと一緒に鉱山の楽団に入りたい」

昭和四十一年、六歳年下の四男廣史が、ある日、真剣な顔をして、外幸に言ってきた。廣史は中学を出て、名古屋の自衛隊に入り、音楽隊でトロンボーンを吹いていた。トロンボーンをはじめたのは、外幸の親友八賀正史に憧れたからであった。

しかし、当時、「神岡マイン・ニュー・アンサンブル」に入るには、三井金属鉱業神岡鉱山に就職しなければならなかった。

あんちゃんは、弟の熱意を感じ、バンドマスターの林に相談をした。林に異論はなかった。自分たちは自己流でここまでやってきているのに、自衛隊で教則本による基礎訓練をしっかり積んできた廣史に、ぜひ、メンバーの一員になってほしかったのである。しかも、聞けば、自衛隊音楽隊から廣史を含め三人が入りたいという。林と外幸は、さっそく会社の人事課に相談し、二名の入社の許可をもらった。会社側にしてみれば、自衛隊員なら、人格や身元が保証されているからであった。

仕事は、外幸と同じ、坑内最前線で、爆薬を使いながら掘り進めていく「進窄」であった。だが、すぐに一人が辞めた。自衛隊員から見ても、発破作業の伴う坑内は危険な仕事だと思ったのだろうか。

あるいは、肉体的に耐えられなかったのか。

ここに、「鉱山の楽団」の素晴らしさがあった。泥と油にまみれ、危険と背中合わせの肉体労働をしながら、音楽を続けていたのだから。

廣史とともに入部した元自衛隊員は、きっと自衛隊音楽隊にはない音楽をやりたくて栃洞にやってきたにちがいない。それに、待遇もよさそうだ。無料の独身寮があり、給料も高い。演奏する劇場もあれば、若い女性たちもいる。だが、その前に、鉱山で、しかも坑内でヘルメットをかぶって働かなければいけないということを忘れていた。

同じことが橋詰廣史にも言えた。

やがて、廣史も坑内の厳しい仕事に違和感を覚えたのか、仕事の変更を申し出た。自衛隊員が怯むほど、やはり、坑内は過酷な業務だったのである。

弟の廣史は、退社も覚悟した。兄のいる楽団でトロンボーンを吹きたかったが、仕事がこれほどきついとは思わなかった。だが、仕事を辞めるということは、「神岡マイン・ニュー・アンサンブル」を辞めるということだった。

あんちゃんは事情を聞くと、廣史の気持ちを悟り、上司に頼んで業務を坑内でも安全な地質測量係に変えてもらった。

これによって、廣史は生き返った。早速、アメリカ製コーンのトロンボーンを十五万円で買い、長い間、「神岡マイン・ニュー・アンサンブル」でトロンボーンを吹くことができたのだった。

その下の弟、五男数弘も十五歳の時に、あんちゃんの隣でトランペットを吹いた。十六歳の時には、なんと第三回産業音楽祭中部大会にも出場したほどだった。

また、その下の六男健治も参加したがった。あんちゃんは、困った。健治は楽器が出来なかったからだ。しかたがない。あんちゃんは、健治に歌を歌わせることにした。

「ここは、こう歌うんだ」。「そこは、こうだ」。「歌い終わったら、そこで笑え」。「出る時も、去る時も胸を張って」……。

あんちゃんの指導は厳しかった。健治も、一生懸命、練習した。そのおかげで、健治は神岡町の文化祭で神岡会館と銀嶺会館の二回、「神岡マイン・ニュー・アンサンブル」をバックに三曲ずつ歌い、見事なステージを飾った。中学生がプロ並みに歌ったのだから、会場は拍手喝采であった。

さらに、一番下の弟の七男修もまた、中学二年生で入り、第七回産業音楽祭に出場。中学三年でも活躍し、いったん中学を卒業後、退部したが、やがて、人事異動による外幸の退部と入れ代わるように、一番下の弟の修が再度入部、廣史とともに、「神岡マイン・ニュー・アンサンブル」の灯が消えるまで、長きにわたり活躍した。

こうして、橋詰外幸は、昭和四十二年のクリスマスパーティーの演奏を最後に、十五年間の長きにわたるトランペッターから自ら、身を引き、仕事優先の人生を進んだ。

そして、その後、第一線の進窄から離れ、機電係、土建係を経て、昭和五十二年に大阪支店に、そして三倉建材の営業マンを務めたのち、平成十三年、定年退職している。

橋詰外幸の弟たちと「神岡マイン・ニュー・アンサンブル」の関わりをまとめておく。

四男廣史　昭和十八年四月二十一日生まれ。陸上自衛隊勤務を経て、昭和四十一年、三井金属入社。同時に入部。解散まで参加。

五男数弘　昭和十九年六月二十二日生まれ。昭和三十四年、十五歳で入部。昭和三十五年より一年間、すべての演奏に第二トランペットとして参加。昭和三十六年退部。富山北光精機株式会社に勤務。社内の小さなアンサンブルで活躍した。

六男健治　昭和二十二年十二月十六日生まれ。昭和三十七年、中三で神岡文化祭、栃洞文化祭で飯田久彦、松島アキラ、ジェリー藤尾のヒット曲を歌う。

七男修　昭和二十五年生まれ。昭和三十九年、昭和四十年、中二、中三ですべての演奏に第二トランペットとして参加。昭和四十一年退部。昭和四十三年、再度入部。解散まで参加。

「最後に、これだけは言っておきたいことがあるんです」

あんちゃんこと橋詰外幸は、そう言うと、私の前に、グレーがかった古い資料を出した。

「これ、見てください」

あんちゃんが差し出す指の先に「第2回日本産業音楽祭中部大会」と書かれたプログラムがあった。日付は九月二十日午前九時。「於・愛知文化講堂」とあった。年が書かれていない。橋詰の鉛筆書きで「1959　昭和三十四年」とある。

思えば、前章の荒井豊が、はじめて大舞台を踏んだステージだった。

「この第二回の日本産業音楽祭の中部大会に、僕たちははじめて出演して優秀賞をもらったんですけどね、この大会に出るようにと教えてくれたのが、津田さんなんですよ」

たしかに、「神岡マイン・ニュー・アンサンブル」はこの大会をきっかけに大きく飛躍し、以来連続十三年にわたって「優秀賞」を手にし、文字通り、中部地区を代表する楽団になった。

だが、そのきっかけをつくったのは、神岡の鉱山高校を卒業して、すでに名古屋で音楽の先生として活躍していた津田秋義だったというのである。津田が当時「神岡マイン・ニュー・アンサンブル」のマネージャーだった金子正男に勧めたという。

これは初耳だった。第一回がはじまったので、それをバンドマスター林正輝が会場に見に行き、「たいしたことないぞ。来年、出られるようにがんばろう」と言ったという話は聞いていたが、そのきっかけが津田だったとは。

ここまで聞けば、「神岡マイン・ニュー・アンサンブルは津田秋義なくしては語れない」といったあんちゃんの言葉がよくわかる。

三つ折りのパンフレットを破れないように、そっと開いた。

出場チーム名と人数、開始時間、そして曲名が書かれているだけだった。その一番に「神岡マイン・ニュー・アンサンブル　18名　9時30分」とあった。曲名は「黒田節」、「ラ・パロマ」、「イン・ザ・ムード」である。

そして、驚くべきことに、最後の三十四番「倉敷紡績木曽川工場合唱部　240名16時39分」、「指揮　津田秋義」とあり、その名前の上にオレンジの蛍光ペンが塗られていた。

「ね、このパンフレットは深い意味があるでしょ。それでね、もうひとつ、話があるんです」

橋詰外幸は、視線を鋭く私に向けると、五十年前のこんな話をしてくれたのであった。

「この翌年の第三回大会でも、優秀賞をもらったものだから、僕たちは喜んでいたんですけど、会場に有名なジャズのギタリスト、澤田駿吾さんがお見えになっていたんですよ。それで、澤田さんに感想を聞こうと思って、僕だけ名古屋に泊まったんですよ」

あんちゃんは、この第三回大会のパンフレットを見せてくれた。

時は昭和三十五年九月十八日、場所は愛知文化会館。プログラムには「13番　軽音楽　神岡マイン・ニュー・アンサンブル」とあり、曲目は「ピーナッツ・ベンダー」、「ある恋の物語」、「お江戸日本橋」と書かれていた。

外幸は、「ある恋の物語」のトランペットソロを吹いた。

これは、外幸がどうしても吹きたくて、ひとりで名古屋に行き、ピアノ用のピースを買い求め、ドーナツ盤のレコードとともに林正輝に渡し、「この通りに編曲してください」と直接、頼んだ。わざわざ、頼んだのには理由があった。実は、外幸は自分で「ある恋の物語」の編曲をしてあった。だが、自分の譜面を出せば、実現しないと思ったからであった。そして、ステージで見事にソロを吹いた翌日、澤田を訪ねたのである。

澤田駿吾は、ベニー・グッドマンと共演したという日本を代表するジャズギタリストであった。

その時、澤田は快く外幸を受け入れ、こう諭したという。

「君たちの演奏は、東京キューーバン・ボーイズの猿真似だ。こんなもので勝負しようと思ったらいけない。ラテンは、譜面どおりに吹けば、誰だってできる。これからジャズをやりなさい。ジャズを勉強すれば、もっともっと君たちのバンドは大きくなるよ」

橋詰外幸は、この言葉を一生忘れないという。

たしかに、この時の「ある恋の物語」も、「お江戸日本橋」のアレンジも、たまたま外幸が持っていた東京キューバン・ボーイズの編曲と同じだった。

神岡鉱山に戻ると、外幸は早速、澤田駿吾の話を伝えた。すると、林正輝は少し不機嫌になったが、居合わせたメンバーたちが一瞬にして興奮し、「やろう」、「ジャズをやろう」と騒ぎ出したという。「あの時の感動があったから、その後も『神岡マイン・ニュー・アンサンブル』が続いたんだと思いますよ」

そして、翌年はグレン・ミラーの「真珠の首飾り」が彼らのレパートリーのひとつに加わった。

午後二時にはじまったあんちゃんの話、気がつけばすでに四時間近く経っていた。

遅くなったお詫びと、予想通り、いい話を聞けたお礼を言うと、あんちゃんは、この私を快く車で新大阪の駅前まで送ってくれた。

「ありがとうございました」

「じゃあ、気をつけて」

改札口を抜け、ホームに立つと、折からの台風の影響で運行が遅れているというアナウンスが、しきりに流れていた。

そういえば、あんちゃんと待ち合わせの時から雨脚が強かった。

三十分遅れの新幹線に乗った。なんとか、自由席の窓側の席に座れた。

台風の影響で、激しく雨の打つ「のぞみ」の暗い窓の向こうに、トランペットを持ち、「ある恋の物語」を白のタキシード姿で颯爽と奏でるあんちゃん、橋詰外幸の若き日の姿が、浮かんでは消えた。

第五章　合同結婚式

桜は山の麓から、時の流れを惜しむようにゆっくりと頂に向かって開花していく。紅葉は、逆に、頂上から一気に駆け下りてくる。

名古屋で新幹線から乗り継いだ旅人を乗せた「ひだ五号」は、暖色鮮やかな秋景色のなかをひたすら終着駅、飛騨古川へ向かって進んでいった。

同じ車両の前方の席で酒を酌み交わし、濁声を響かせて、他の乗客たちの顰蹙をかっていた男性ばかりの老人会のメンバーたちが下呂駅で下車すると、車内は青く高い空からのぞく穏やかな日差しのなか、再び静寂が戻った。飛騨萩原、飛騨小坂、久々野……。なじみのない駅をいくつか過ぎると、特急列車は高山駅のホームに滑り込んだ。ここで、ほとんどの乗客が降り、旅人と同じ車両に乗り合わせたこの特急の終点までの客は、わずか三人になった。

飛騨古川の静かなホームに降り立ち、駅の改札口を抜けると、いかにも品のよい白髪の老紳士が私を待っていてくれた。かつて、「神岡マイン・ニュー・アンサンブル」でトランペットを吹いていたという井上隆平であった。

挨拶を済ませ、車で井上の家に向かった。

「今日はね、近くに住んでいる、昔のメンバーの大坪隆志君を呼んでおいたでね。年とると、記憶が曖昧でいかんで」

大坪隆志。取材中、多くの人から「神岡マイン・ニュー・アンサンブルの話を知りたいんなら、この人に聞かんと。何でも知っとるで」と言われてきた人であった。伝を頼って連絡をとろうとしたが、とれずにそのままになっていた。幸運なことであった。

大坪隆志は、昭和四十年に「神岡マイン・ニュー・アンサンブル」に入部し、解散までバンドに残った人で、楽器はラテンの打楽器が専門だったが、むしろ裏方としてミキサーを担当したり、記録係として演奏を録音したり、フィルムをまわしたりした楽団の縁の下の力持ちであった。

実際、昭和四十三年の「ヤマハ・ライトミュージック・コンテスト」飛騨地区予選会に参加した時のパンフレットにも、「コンガ　大坪隆志」の名が記されていた。


井上の家に入ると、妻、春代が「さあ、どうぞ」と満面の笑顔で迎えてくれた。春代は、井上隆平と結婚する前、「神岡マイン・ニュー・アンサンブル」の専属歌手だった女性である。

飛騨の山奥の鉱山の楽団の若きトランペッターとまだ十代の美人女性歌手――。ふたりの六十年前の出会いとその恋物語が、今回のテーマである。

二人が結婚式を挙げたのは昭和三十二年、井上隆平二十二歳、春代二十歳の時であった。いまから六十年前。いかにも、初々しい夫婦である。

家の中に招かれ、気づくと、井上宗春という表千家の教授の看板があり、茶室があった。聞けば、春代は毎週、ここで茶道を教えているという。

茶室に目をやると、竹台子(たけだいす)の棚のなかに茶道具が仕組まれ、そのなかには、隆平が焼いた茶碗もあった。春代が茶事を催すと、隆平は懐石料理からそのお運びまできちんと作法に則って手伝ってくれるという。

春代がいま弟子たちに教えているのは、七事式のひとつ、「花寄せ」だそうだ。

「花寄せ」とは、立夏から冬至まで草花の種類が多いので、日常茶室で使っている小ぶりの花入をできるだけ多く取り出し、茶室に並べ、同席する人たちが順次、自分の好きな花入を選んで、花を生けるという式法である。

一同で花を生けるので、茶室にふさわしい花々に囲まれながら、お茶を楽しむというわけである。花器のなかに、「蹲（うずくまる）」があった。人が蹲っているところからその名がついたものだが、これも、井上隆平の作であった。おしゃれなジャズマンは、また、茶道を楽しむ風流人でもあった。

ふと、外腰かけのある庭を見ると、冬支度の植物の雪囲いがあった。これも夫の手でなされた、すべてに手入れの行き届いた庭であった。

この家の主人であり、かつて、「神岡マイン・ニュー・アンサンブル」のトランペッターであった井上隆平は、昭和十年一月二十二日、岐阜県吉城郡神岡町栃洞で、七人きょうだいの次男として生まれた。長男は若くして亡くなっている。

三井金属鉱業神岡鉱業所が経営母体であった栃洞中学校、そして、入学と同時に社員になれ、給料を手にしながら鉱山技術を学べるということから競争率が激しい難関、鉱山高校を卒業後、当然のように栃洞坑の坑内最前線で勤務した。

時には、父親と同じ坑内で仕事に従事したこともある。しかし、鉱山高校を卒業している分だけ、隆平の立場が上だったという。

そして、隆平は坑内勤務を続けながら、持ち前の向上心から、採掘、機械、電気、火薬、公害、安全などの数々の国家資格を取得し、坑夫より一段格上の技術者となった。これらの資格は、三年間に全科目合格しないとすべてが失効となるので、受験者はかなり大変だったようだ。ここにも若い頃からの井上の並々ならぬ向学心が見てとれる。

昭和四十七年、三十七歳の時、井上は三井金属資源開発株式会社に出向、翌々年の昭和四十九年のペルー、カタンガ鉱山の開山時には、「神岡マイン・ニュー・アンサンブル」の二代目音楽部長であった村井弓三郎の下で技術係のトップとして、露天掘りによる採鉱を担当、さらに中国安慶鉱山の立坑五〇〇メートルを掘削するという当時としては画期的な作業に従事した。

そして、最後は日本地下石油備蓄株式会社に出向、オイルショックによる原油備蓄のため、地下にトンネルを掘削するという工事に従事し、串木野事業所土木工事課長で定年を迎えている。

八歳年上で、昭和二年生まれの「神岡マイン・ニュー・アンサンブル」のバンドマスター林正輝が後年、社内的にはこの井上の直接の部下であったことからみても、いかに井上が音楽にかぎらず、すべての面で努力家であったかを証明している。

その井上隆平が「神岡マイン・ニュー・アンサンブル」に入ったのは、昭和三十一年、二十一歳の時、春代との結婚の一年前のことだった。

入部のきっかけも単純であった。職場の先輩の新井春雄から「トランペットをやってみないか」と言われたのだ。

いや、隆平がもともとトランペットを吹いていたわけではない。それどころか、楽器と言えば、小学生の頃、音楽の授業や鼓笛隊で他の子供たちと同様に、縦笛を吹いた程度の経験しかなかった。

しかも、隆平が入部した頃、「神岡マイン・ニュー・アンサンブル」にはトランペットが二人、トロンボーンが二人、サックスもバンドマスターの林正輝を入れて数人もいた。あとはドラマーに、ピアニスト、ギター、ベース、バイオリン、それに隆平を誘った新井は、アコーディオンを弾いていた。ちなみに、前章で紹介した、同じトランペッターのあんちゃんこと橋詰外幸は、この年、鉱山高校の四年生で休部している。

こんなにメンバーが揃っているのに、なぜ、隆平が誘われたのか、隆平は知る由もないが、ひとつだけわかっているのは、この頃、人事異動で他の坑内に移ったり、バンドマスター林正輝との意見や考え方のちがいで、突然、退部するメンバーが多かったことである。また前章のトランペッター橋詰外幸が、鉱山高校での勉強のために一時的に休部していたことも関係があったかもしれない。

そのため、林正輝から、「誰でもいいから、いつでも補充できるようにしておこう」という指令がメンバーに出ていたのだろう。いまプロ野球でよく行われる「育成選手」のひとりとして、隆平が選ばれたのであった。

しかし、誰でもいいからとはいえ、隆平にまったく音楽センスがなかったわけではない。

井上の家は、もともと音楽が大好きな一家で、母も弟たちもよく歌を歌っていたが、とてもいい声だったという証言がある。もちろん、新井だって、やみくもに隆平に声をかけたのではないだろう。井上家が音楽一家であり、隆平に音楽の才能があることを知っての上のスカウトである。

その証拠に、現在でも井上隆平は、八十歳の高齢にもかかわらず、いま住んでいる飛騨古川のカラオケ同好会で美声を披露している。

話を昭和三十一年に戻す。ちなみに、この年は、石原裕次郎が『太陽の季節』で日活からデビューした年で、巷では慎太郎刈りが流行した。ラジオからは、大津美子の「ここに幸あり」が流れていた。隆平は、実際は楽団の「育成選手」でありながら、一生懸命トランペットを練習した。

トランペットは、指を使わなくても息を吐く時の唇の振動によって音が変えられる。隆平は、低い音を出したいと思ったら、息をゆっくりと吐いて大きな振動で音を出し、逆に、高い音を出そうとしたら、早い息を吐いて、細かな振動で音を出せばいいことを知った。

トォーと出せば、下のド、トゥーと出せば、ソの音、そして、ティーという音が出れば、高いドだということもわかった。あとは運指だけだ。第一ピストン、第二ピストン、第三ピストンを押す指の組み合わせで、ドレミファが出た。○○○　●○●　○●●　○○●　○○○　○●●　○●○　○○○（●が押す。第三ピストン、第二ピストン、第一ピストンの順）。

音階が出来るようになったので、隆平は「聖者の行進」を吹いてみた。

ドミファソー　ドミファソー
ドミファソーミー　ドーミーレー
ミミレドードー　ミーソソ　ソファー
ミファソーミー　ドーレードー

住んでいる南平の住宅のまわりは谷であった。隆平は、一の方で、午後三時に坑内から出てくると、泥と油まみれの作業服を無料の洗濯屋に渡し、普段着に着替え、深い谷に向かってトランペットを吹き続けるのであった。「聖者の行進」のメロディーは、緑の谷を下り、褐色の峠を登っていった。

「育成選手」だった隆平も、いつの間にか遊軍に昇格した。言葉を換えれば、隆平の技術が、「神岡マイン・ニュー・アンサンブル」のレギュラーではないが、スーパーサブまで上達したのである。隆平も楽しくなった。

半年もそんな日が続いたある日、ひとりの若い女性がバンドマスターの林に連れられて、練習場である銀嶺会館にやってきた。

林は、バンドのメンバーにその女性を紹介した。背の高い、面長で瞳のきれいな女性だった。ひょっとしたら、背は小柄な隆平と同じくらいかもしれない。なにより、その表情が若さにあふれ、まぶしいほどキラキラと輝いていた。

「コンドウハルヨさんです。今度の文化祭で、歌ってくれるので、みんな、よろしく」

コンドウは今藤と書くという。

「へえ、近藤じゃないんだ。今藤春代さんか、いい名前だな」と隆平は思った。

今藤春代は昭和十二年二月八日、父親が鉱山で働いていたため、栃洞の通洞の社宅で生まれた。父は今藤繁松、母はひさ。繁松は鉱山で働いていた。恵子、るみ子のふたりの妹がいる三人姉妹の長女で、栃洞小中学校を卒業後、麓の町、神岡町にある岐阜県立船津高校に入学している。

平成七年発行の「岐阜県立船津高等学校同窓会会員名簿」によれば、昭和三十年、第六回卒業生の名簿の欄に、今藤春代の名前があった。高校時代、三年間、鉱山のある山の上の社宅から、山の麓の神岡町船津にある学校まで徒歩で通ったという。間違いなく、帰りは、急な坂道を一時間以上登ったにちがいない。冬の大雪の日などはどうしたのだろう。

そんながんばり屋の春代は子供の頃から歌が好きで、いつもラジオから流れてくる歌謡曲を聞いては、歌っていた。

〽若く明るい歌声に
　雪崩は消える　花も咲く〜

社宅の「水屋」と呼ばれる共同水道で、日曜日の朝、洗濯をしながら美しい声で歌っている女子高校生の春代の姿を見た主婦たちはたくさんいた。

よく、のちのスター歌手が子供の頃、ミカンやリンゴの小箱の上に乗って歌を歌っていたというエピソードが残されているが、春代の伝説も近所の主婦たちの脳裏に刻み込まれていたのだから、たいしたものである。

昭和三十年三月、春代は船津高校を卒業すると、岐阜乗合自動車株式会社の入社試験を受け、観光バスのガイドになった。

好きな歌が歌える仕事として選んだのだが、昭和三十年代、バスガイドは、戦後、一気に女性の社会進出が進んだ当時、なかでも、女性の憧れの職業であった。

それだけに採用基準は厳しく、身長一五〇センチ以上、眼鏡不可などいくつも条件があったにもかかわらず、どのバス会社も採用試験の競争率は、つねに十倍を超えていた。

春代の場合もまた、バスガイドの応募者多数で、競争率はやはり十倍だったという。

歌が歌いたくてバスガイドになった典型的な例としては、のちの八代亜紀がそうである。八代は、十五歳で九州産業交通のバスガイドとなり、その後、クラブ歌手になっている。

春代が受験した岐阜乗合自動車は、岐阜県下でも有数のバス会社であり、特に観光バスの導入には積極的だった。

記録によれば、岐阜乗合自動車は、戦後まもない昭和二十四年十月にトヨタ製の定員二十七名乗りの観光バスを全国に先駆けて導入し、翌昭和二十五年には営業を開始している。

ちなみに、春代の入社は昭和三十年の四月だが、その年の全国バスガイドコンクール中部大会で岐阜乗合バスのバスガイドが堂々と一位、二位を占めている。このふたりは、春代の先輩であった。

春代も研修期間を終えると、正式採用となり、紺の制服に帽子、白い手袋、そしてマイクを手に、「皆様、右手に見えますのは……」と観光客に名所旧跡を案内し、帰りには、その美声を聞かせ、一躍、人気バスガイドになったのである。

余談だが、初代コロムビア・ローズの歌声で大ヒットした「東京のバスガール」は、昭和三十二年だから、春代がバスガイドになったのは、その二年前ということになる。

そんな春代だったが、家庭の事情でわずか半年でバスガイドを辞め、故郷の鉱山の社宅に戻らなければならなかった。春代は失意のまま、三井金属鉱業神岡鉱業所の購買部に勤めることになった。

それを耳にしたのが、「神岡マイン・ニュー・アンサンブル」のバンドマスター、林正輝であった。林もまた若い頃、小学校の先生になるべく、岐阜師範に入学したが、病気のために故郷に戻ってきている。したがって、夢破れた春代の気持ちが痛いほどわかった。

しかも、聞けば、春代は元バスガイドだったという。

林にしてみれば、この時期、楽団はなんとか恰好がついた。

だが、神岡鉱業所の秋の文化祭や栃洞坑以外の各坑の従業員の慰問のためのコンサートは、バンド演奏だけでは喜ばれない。そこには、歌手、特に若い女性歌手が必要だった。それも、クラシックやカンツォーネの歌手でなく、誰でも知っているような流行歌を上手に歌える歌手を探していた。

そこに耳にしたのが、元バスガイドだった今藤春代が帰ってきたという噂だった。

（バスガイドなら、流行歌を歌える。よし、スカウトしよう）

早速、林は、従業員とその家族のための食料品、生活用品を売っているマーケット、通称、購買部で働く今藤春代に会った。

春代が、「うちのバンドで歌ってほしい」という林の申し出を断るわけがなかった。

音楽が好きだった春代は、社内の催し物があれば必ず演奏していた「神岡マイン・ニュー・アンサンブル」をそれまでに何度もその目で見ていたからであった。当然のことながら、リーダーであり、スターであった林のことも知っていた。

（マイン・ニュー・アンサンブルをバックに、この私が歌えるなんて……）

林に誘われた時、春代は心の中で小躍りしながら、そうつぶやいていた。

やがて、春代の紹介を終えると、メンバーに彼女が歌う曲のパート別の譜面が配られた。曲目は「りんどう峠」であった。

その時のメンバーがわかっている。

上野八郎（トランペット）、浜田七三（トランペット）、島敏一（クラリネット）、池田秋津（バイオリン）、新井春雄（アコーディオン）、安倉一江（ギター）、浅田久美子（ピアノ）、石橋栄一（ベース）、山口欣也（ドラム）、竹林茂男（マラカス）、そして、バンドマスターの林正輝がアルトサックスを吹いていた。

「りんどう峠」は、西条八十作詞、古賀政男作曲で、島倉千代子のこの年のヒット曲。りんどうの咲き乱れる峠を馬に乗せられて嫁いでいく姉を妹が見送るという歌詞であった。

新人トランペッターの隆平にも譜面が届いた。歌謡曲、しかもイントロや間奏以外は基本的に伴奏なので、まだ新人の隆平でも吹けると思った。初見で練習が始まった。

〽りんりんりんどォ〜〜〜の〜

春代の伸びのある高く、艶っぽい声が練習場に響いた。

（いい声だなあ〜）

隆平は、トランペットで伴奏をしながら、そう思った。

〽ハイのハイのハイ〜

春代の歌が終わり、次は、いつものマンボの曲に移った。

練習が終了すると、林は隆平を手招きし、春代を家まで送っていくように指示をした。

鉱山の夜は早い。女性に優しい林にしてみれば、まだ十代の女性を送り届けるのは当然のことだった。だが、誰に送らせるか。こんな時間に男女が鉱山の道を歩いていれば、社宅で噂になりかねない。ましてや、妻帯者に送らせるわけにはいかなかった。

その時、林の目に入ったのが隆平であった。

「井上君、君、悪いけど、彼女を家まで送っていってあげてくれないか」

「はい」

二十一歳の隆平は、その夜、十九歳の春代を家まで送っていった。春代の社宅アパートは、練習場の銀嶺会館から、それほど遠くはなかった。

「今藤さんは、歌が上手だね」

「春ちゃんって、呼んで」

「じゃあ、僕は隆ちゃんだ」

若いふたりの心は、一気に近づいた。

「ありがとう。ちょっとあがって。楽団のこと、いろいろ教えて」

「うん」

春代の家は、すでに寝静まっていた。夜九時ごろだったが、春代の父が朝七時から坑内に入るからである。春代は「シーッ」と赤い唇に右手の白い指を立て、そっと玄関のドアを開けた。

「ただいま」と小声で言いながら、自分の部屋に隆平を招き入れた。そこは小さいながら、乙女の園であった。しかし、若い男が、女性の部屋に長くいられるわけもない。

「じゃあ、僕、帰るよ。また、練習の時にね」

戸惑った隆平は小声でそう言うと、外に出た。

「じゃあね、隆ちゃん」

春代が隆平の背中にそう告げた瞬間、隆平は振り返り、「春ちゃん」と言うと、手のひらを口にあて、投げキッスをした。春代は、満面の笑みを浮かべて、隆平を見送った。

まだ二十歳前後の純情な青年の幼い愛の告白であった。

こうして、ふたりの交際がはじまった。練習のない日も、ふたりは会った。
春代はうれしかったが、三人姉妹の長女ということは誰かが養子をとらなければならなかった。しかし、聞けば、隆平は長男が亡くなっているので、次男といえども、井上家の総領だ。ひょっとしたら、隆平とは、結婚はできないかもしれないと思った。ということは、いつか別れが来るということだった。

一方の隆平も、そのことは考えていた。親が許すならば、養子に入ってもいいと思っていた。

(今藤隆平……悪くない名前だ)

そんなことを思っていたという。まさに、ふたりは青春だった。

そして、その年の会社の秋の文化祭が山の銀嶺会館と麓の神岡会館で行われ、春代の初舞台の日がやってきた。衣裳は、母が部屋のカーテンからつくってくれた。

銀嶺会館で「神岡マイン・ニュー・アンサンブル」による「りんどう峠」の前奏がはじまった……。

それから一年後の昭和三十二年十月二十七日、日曜日、午前九時。

二人が卒業した栃洞中学校の講堂は静まり返っていた。

講堂内に神式の祭壇が設けられ、あろうことか天井に万国旗、何列にも並べられた長机の上には白いテーブルクロスがかけられ、そのまわりに菊の鉢植えが飾られていた。

いかにも、ここで、これから「何か」が行われる雰囲気であった。

外へ出てみると、中学校の講堂のまわりは、鉱山の住人たちであふれかえっていた。

子供を背負った女性、学帽をかぶった男児、割烹着姿のまま、はぐれないように坊主頭の子供の手を握っているお母さんもいる。鉱山ではあまり見られないスーツ姿でハンカチを振る人、おかっぱ頭の小学生の一団もいた。

小高い丘から見ると、数百メートルにわたって二本の帯のように延びた人々の間を盛装した八組の男女とその親族が、狭い山道を歩いて、山の上にある学校の講堂に向かってやってきた。

いよいよ、鉱山始まって以来の合同結婚式が行われようとしていた。

折から、大きな歓声が山脈（やまなみ）にこだました。

次第に近づいてきた一団を見ると、新郎は紋付、袴、新婦は黒の留袖に、白いベールをかぶっていた。新婦には、ひとりずつ付き添いの女性がついていた。仲人の妻だろうか。同じような留袖姿であった。不思議なことに、八組ともまったく同じ衣裳であった。普通、花嫁は高島田に角隠しである。白いベールは、洋装の時にかぶるものだ。それが、留袖にベール。それも、一様に簡素な恰好であった。

一団は足の指で幸せをつかむように、ゆっくりと結婚式場である講堂に入っていく。その先頭に、「神岡マイン・ニュー・アンサンブル」の井上隆平と春代の姿があった。バンドマスター林正輝以下、楽団のメンバーは、結婚式後の祝宴会場に集まり、リハーサルに余念がなかった。

この合同結婚式を企画したのは、三井金属鉱業神岡鉱業所栃洞坑人事係長の薄久人（すすき）であった。彼が、東京からこの地に赴任してはじめたのが「新生活運動」であった。

「新生活運動」とは、昭和三十年、時の首相、鳩山一郎が提唱した「自らの創意と良識による日常生活の向上運動」のことで、戦前の日本の古き悪しき伝統を打ち破り、戦後の再出発にふさわしい新しい秩序を、国民みんなの手でつくろうという活動である。

その通告を通して「新生活運動」は国民に対し、誰でも平等に意見を言える民主化はむろんのこと、社会道徳の普及、旧家長制度に代わる道徳観、倫理観の確立を訴えた。

具体的に言えば、まず、家長や長男がすべての権力を握ることの廃止。さらには、かつて「産めよ、増やせよ」のスローガンによって、八人きょうだい、十人きょうだいなどという家庭が多かったが、これからは、むやみに子供をつくらないこと。そのための産児計画の推進も叫ばれた。

また、衛生面では、河川の水を飲用水に使ったり、ハエや蚊の大量発生、糞尿を肥料にしたりしてきたことなどを改める保健衛生の向上も謳われ、「秋茄子は嫁に食わすな」や「女は玄関から入ってはいけない。勝手口から」などという古くから地方に根強く伝わる差別や迷信・因習の打破も俎上に載せられた。

その上、祝言の翌日の早朝からの畑仕事など、嫁が労働力として考えられてきた思想の撤廃、また「働かざる者、食うべからず」などという労働が美徳という観念を打ち破り、休日は旅行や運動などで過ごす余暇善用も推進された。「レクレーション」という言葉が流行したのも、そのせいである。

そうしたなかで、中元、歳暮などの虚礼の廃止などと並んで、冠婚葬祭の簡素化が「新生活運動」によって、大きな声で叫ばれるようになったのである。

当時、地方では特に、自宅で結婚式や葬式を行った。そのために、近隣の者たちが協力し合い、ご馳走を用意し、酒をふんだんに振舞った。また、そのしきたりも大変だった。息子や娘に恥をかかせないよう、分不相応なもてなしをしなければならないこともあった。この際、そうした習慣を改めようというのがこの「新生活運動」であった。

言い換えれば、結婚式や葬式の簡素化を実現することによって、これまでの「こうしなければいけない」とか「昔からこうやることになっている」という「しきたり」や「見栄」を取りのぞき、各家庭の経済的な負担を減らそうということである。

その一環として考えられたのが、合同結婚式であった。

結婚することが決まっている従業員たちは、一定の会費を払えば、それだけで挙式でき、あとの費用は会社が負担する。また参列者も祝儀が不要だが、もちろん、引き出物も、ご馳走もない。そのかわり、挙式は、会社の施設内で、決められた日に合同で行うという決まりがあった。

実は、この運動はいまではすっかり忘れられ、市史や町村史にも一部地域を除いて、ほとんど残されていないが、昭和三十年代には日本の各地で盛んに行われ、政府や農協、さらには企業が後ろ盾になって、財団法人新生活運動協会が設立され、やがて支部が各都道府県に生まれたほどであった。

三井金属鉱業神岡鉱業所の薄人事係長が企画し、実行したといわれる合同結婚式は、まさに、この「新生活運動」の一環であった。

井上隆平夫妻が会社に支払った額は、三千円だったという。昭和三十年当時、一般企業の大卒の初任給が一万三千円だったから、現在の価格に直せば、五万円といったところだろう。もちろん、新婚旅行の費用は別だが、挙式、披露宴をそれだけでできるのだから、かなり効率的である。

春代は、うれしかった。なぜなら、井上隆平といっしょになれたことで、アイウエオ順で、合同結婚式八組の先頭になれたからである。行列の先頭を歩くから、当然、拍手を最初に受けるし、一番にカメラを向けられた。春代は、そのたびに感激していた。

ふたりを先頭に、八組十六人の新郎新婦が式場に入った。あとに仲人と親族が続いた。

「それでは、これより合同結婚式を行います」

人事係長の開式の挨拶ではじまり、三々九度の杯、誓いの言葉、結婚指輪の交換などが行われ、会場を銀嶺会館に移し、結婚披露宴が行われた。

隆平と春代を先頭に、八組のカップルが「神岡マイン・ニュー・アンサンブル」の演奏による「ウエディング・マーチ」で入場すると、一斉に参加者から割れんばかりの拍手が起こった。バンドマスターの林正輝の端整な顔も見えた。ふたりにしてみれば、トランペットの橋詰外幸、黒川修三、サックスの荒井豊という新顔もいた。もちろん、隆平を「神岡マイン・ニュー・アンサンブル」に誘った新井春雄の笑顔もあった。

春代は思った。

(生まれ育った栃洞に帰ってきてよかった。あのまま、岐阜でバスガイドをしていたら、隆ちゃんと会えなかっただろう。そして、何より、生まれ故郷に戻ってきたから、大好きなマイン・ニュー・アンサンブルの仲間入りができたんだもの)

披露宴終了後、麓の神岡町の旅館まで、会社のバスが送ってくれた。そして、翌朝、ふたりは、京都に向かった。


「京都駅でね、隆ちゃんが何度も警察官の職務質問を受けてね……」

と、春代は、六十年前の新婚旅行を思い出して、微笑んだ。

理由は、栃洞坑で爆発事故があり、隆平が顔に裂傷を負っていたからだという。井上もまた、荒井豊と同じように、坑内で事故にあっていたのだ。その傷がまだ完全に癒えていないうちに新婚旅行に出かけたから、若い女性を誘拐した犯人ではないかと疑われたのだろう、と春代は屈託もなく笑った。

「春代さんは、どうして隆平さんを好きになったのですか」

私は、あえて聞いた。すると、七十八歳の彼女は、古いアルバムのなかの、若き日の井上隆平の何かの証明書に使う顔写真を見せながら、こう言った。

「はじめて会った時、隆ちゃんは、こんな感じだったのよ。とても真面目そうでしょ。私はうちの養子になってくれそうな人を探していたから、この人なら大丈夫かもしれないと思って。それに、ほら、この写真、見てください。ずいぶんハンサムでしょう。いまは、頭の毛がかなり薄くなったけど」

井上は、照れながら、頭をさすった。

「私ねえ、結婚して五十八年、親に育ててもらった何十倍も、隆ちゃんに育ててもらったの。本当に感謝しています」

春代は、今度、ひ孫の七五三のお祝いで千葉の松戸に行くという。

隆平は、近年、舌がんをはじめ、何度も入院生活を送ったが、幸運にも早期発見により、元気に暮らしている。そして、何より、ふたりはいまでも、「隆ちゃん」、「春ちゃん」と呼び合っている。

まさに、夫婦はいま、人生の紅葉を迎えていた。

ちなみに、ふたりが参加した鉱山の合同結婚式は、翌昭和三十三年にも十組で行われたが、人事係長薄久人の転勤によって、その後、行われなくなったという。

第六章　乙女の祈り

小櫻美惠子（旧姓山田）は、生まれ育った栃洞の山々がよく見える丘、神岡町野首の瀟洒な家に、ひとりで住んでいた。

家に入ると、そこに思い出のピアノがあった。

「結婚した時、主人が買ってくれたんです。貧しい家庭で育った私は、自分のピアノなど一生縁がないと思っていたんですけど、どこかで『ピアノがあれば……』と願っていたことを主人が察してくれたんですね。ええ、主人が自ら買ってくれました。私にとっては、最高のプレゼント。私の家族も、ほんと驚いていましたから。ええ、うれしかったなんてもんじゃありません。でも、言われましたよ、いろいろ。『戦争未亡人の娘がピアノなんか弾いて』って。あの頃は、ピアノのある家は少なかったですからねえ。

まあ、そんなこともありましたけど、懐かしいわ、マイン・ニュー・アンサンブル。私の話でお役に立てるかどうか。さあ、どうぞ、どうぞ」

そう言って、親切にも、座布団をすすめてくれた。

記録によれば、小櫻美惠子は昭和三十三年十月、十九歳で神岡マイン・ニュー・アンサンブルにピアニストとして入っている。

結婚後、いったんは家庭に入ったが、昭和四十五年九月、大阪フェスティバル・ホールで開催された「日本産業音楽祭関西大会」で特別ゲストの中部代表として、また、同年十一月二十日、二十一日、神岡会館と銀嶺会館で行われた「神岡マイン・ニュー・アンサンブル二十五周年記念演奏会」で再び、その名前を見つけることができた。

関西産業音楽祭では、三歳の長女連れだったが、子供が商店街のショーウインドウの前で、展示されているおもちゃが欲しくて大泣きして困ったというから、子連れのピアニストでもあった。

「ごめんなさい、お茶を。一人なもんで、すみません。要領が悪くてね。主人が生きていれば、きっと話も弾んだでしょうけどね。ちょっと待っててくださいね」

美恵子の夫は、小櫻喬。昭和十二年一月生まれ。

小櫻は、栃洞の小中学校（当時は、三井栃洞校、神岡第一中学校）から鉱山高校を卒業後、長年にわたり、三井金属鉱業神岡鉱業所栃洞坑の人事課に勤務した。衛生管理者の資格を持ち、従業員の健康管理から福利厚生まで、特に坑内労働者、従業員のさまざまな問題処理にあたっていた。

そして、そうした日常業務のほかに、さらに、最盛期の「神岡マイン・ニュー・アンサンブル」のマネージャーをも務めた人であった。

言い換えれば、「神岡マイン・ニュー・アンサンブル」に関しては、「伝説のバンドマスター」林正輝が三井金属鉱業神岡鉱業所栃洞坑の従業員の代表だとすれば、小櫻喬は会社側の窓口であった。

窓口と言えば簡単に聞こえるが、小櫻のマイン・ニュー・アンサンブルに関する仕事も半端ではなかった。その内容も多岐にわたり、イベントの出演依頼の受諾からスケジュール管理であったり、会社の福利厚生に関する年度予算の交渉から、日本産業音楽祭に出演する際の出張の手配、さらには、労働時間がバラバラで、合同練習がなかなかできないメンバーたちの仕事の時間変更に関わることまで、一切を任されていた。

そんな小櫻の部下として、社員として彼を支えていた山田美恵子は、「神岡マイン・ニュー・アンサンブル」のピアニストとしても活躍し、やがて、その小櫻からプロポーズされ、入社四年後の昭和三十七年十一月十六日に職場結婚、寿退社をしたのである。

ふたりが急接近したきっかけは、やはり、音楽だった。

小櫻は、中学時代は創設されたばかりのブラスバンド部に所属し、フルートやピッコロを吹いていた。例の「木曽節」、「証城寺の狸囃子」、それに「希望にみちて」の三曲しかできないブラスバンド部の時代の話である。

「主人はね、音楽が大好きで、それもクラシック、ジャズ、ポピュラーとジャンルを問わず、時間があるとレコードを聞いていましたね。私の家は母子家庭だったから、貧しかったでしょ。もちろん、レコードもプレーヤーもありません。ですから、主人と交際しはじめてから、音楽鑑賞ができるようになったのです。前平の小櫻宅には、ほとんど毎日お邪魔して、クラシックやジャズを聞いていました。そんなわけですから、ジャズに関しては、主人が先生だったかもしれませんね。新婚旅行も名古屋でのロンドン交響楽団の演奏会に行って、もうあの時の感動ったら……」

なるほど、小櫻喬が少年時代からそれほどの音楽好きであれば、間違いなく、バンドマスター林正輝の片腕になったであろう。

「ええ、そんなわけですから、小櫻は林さんとは仲よしでね、年中、林さんの家で飲んでは音楽の話をしたり、メンバーと徹夜麻雀をして、いつも午前様でしたよ。『ロクさん』って呼ばれて、みんなの人気者でした。面倒見がいいって言いますか、お人よしなんですね。うちのことなんか放っておいて、人の面倒ばかり。だから、年中、私、怒ってました。新婚当初から家に帰ってこないものですからね。ホッホッホッホ」

取材を続けていると、小櫻喬の名前は確かによく出てくる。それだけメンバーからみても信頼が厚く、会社と楽団の間の大きな架橋だったにちがいない。実際、東京の三井金属鉱業本社の社長名で「神岡マイン・ニュー・アンサンブル」を代表し、小櫻喬として、表彰状をもらっている。

だとすれば、忙しい。きっと、よく働いたにちがいない。日常の業務のほかに、楽団関係の打ち合わせや雑用が重なる。酒も麻雀も、バンドマンとのコミュニケーションには不可欠だ。

そうした不摂生が災いしたのかどうかは不明だが、喬は美恵子と結婚して三十五年目に入った年に、小脳梗塞で帰らぬ人となった。いま、存命ならば、謎のバンドマスター林正輝のことは一番よく知っていたのではないか、と彼女は言う。

二人の間に生まれた娘が、いま、東京のマスコミの世界で活躍していることをせめて墓前に知らせてやりたいものである。

しばらく雑談をしたあと、私は本題に入った。

すると、小櫻美恵子はこれまで大事にとってあった彼女のアルバムの中から、一枚のモノクロの写真を取り出し、見せてくれた。

そこには、神岡マイン・ニュー・アンサンブルをバックに、痩身の彼女がピアノを弾いている横向きの美しい姿が写っている。指揮をとっているのは、後姿とはいえ、林正輝に間違いはなかった。指揮している林も三十代だが、ピアノの前の美恵子が驚くほど若かった。

「これね……」

美恵子は、声をつまらせた。

一瞬の静寂の後、小櫻美恵子はこの写真に秘められている若き日の大切な「思い出日記」のページを一枚一枚やさしく剝がすように、その時の状況をていねいに語り始めた。

美恵子は、ステージ中央に置かれたピアノの前に、静かに腰を下ろした。

通常、楽団ではグランドピアノは、舞台下手である。だが、この日に限って、楽団の中心に配置されていた。

まだ、緞帳が下りているからいいのだが、これが上がれば、否が応でも観客の視線は、正面の美恵子に注がれる。今日の演奏が、いかに美恵子をフィーチャーしているか、それを見るだけでもよくわかった。それも、当然、バンドマスターの計らいである。

少し、息が荒い。目の前の白と黒の鍵盤がまぶしい。美恵子は、自分でも胸が高鳴っているのがわかっていた。

ふと、自分の足元を見ると、ステージ衣裳の裾がかすかに揺れた。

貧しい家に生まれ育った二十二歳の娘には不釣合いの美しいワンピースであった。それは、ふた月ほど前、美恵子にと、バンドマスターがわざわざ買ってくれた生地を知人女性に頼んで仕立ててもらったばかりのドレスであった。

「君は、この色が似合うと思うよ」

あの時、バンドマスターは、明るいベージュの布地を手渡しながら、美恵子にそう言った。神岡マイン・ニュー・アンサンブルの一員として、はじめてステージ中央で演奏する美恵子に、それにふさわしいステージ衣裳をと、バンドマスターはわざわざ選んでくれたのだ。

林の優しさが、心に沁みた。

美恵子の耳元で、純白のイヤリングが揺れた。

(そうだわ。このイヤリングもネックレスも、あの時にもらったものだわ)

美恵子は大きく息を吸うと、鍵盤から目を離し、瞳をバンドマスターのほうへ移した。

二人の目が合った。

その時、緞帳が上がり、拍手が起こった。

昭和三十六年九月二十四日、日曜日の午後——。

愛知講堂で行われていた第四回日本産業音楽祭中部大会のプログラム二十二番の出演者による演奏が、いま、まさに、始まろうとしていた。

司会者の明るい声が、美恵子には快かった。

「岐阜県は飛騨の山奥からやってきました三井金属鉱業神岡鉱業所栃洞音楽部、神岡マイン・ニュー・アンサンブルです。どうぞ、よろしくお願いいたします。それでは、早速、演奏に参ります。まず一曲目は、ジェリー・グレイ作曲、林正輝編曲、『真珠の首飾り』です。どうぞ、お聞きください」

もう一度、大きな拍手が起こった。

「真珠の首飾り」といえば、あの有名なグレン・ミラー楽団の代表曲である。

グレン・ミラーが何年かぶりに恋人へレンに会いに行くが、遅くなったので、古物商で値切って買ってきたイミテーションの真珠の首飾りをプレゼントしてなだめたというエピソードから生まれた曲である。美恵子の首にも新しいネックレスがかかっていた。

「真珠の首飾り」の作曲家は、グレン・ミラー楽団の名アレンジャーとして活躍したジェリー・グレイであった。

（ピアノを弾く時は、どんな思いで曲を作ったのか、作曲者の気持ちをわかって弾かないといけないよ）

子供の頃、教えられた言葉が浮かんでは消えた。

拍手が止み、会場が、急に静かになった。

バンドマスター、林正輝の前髪の下の優しそうな瞳が一転、厳しさを帯びると、女性のような指に支えられたタクトがサッと振られ、同時に、サックスが「真珠の首飾り」のイントロを奏ではじめた。続いて、トロンボーンが、さらにはトランペットが続いた。

集まった観衆にグレン・ミラー楽団のスウィングを思い出させるにふさわしい演奏だった。荒井豊らのサックスが、青山務らのトロンボーンが、そして橋詰外幸たちのトランペットが同じリズムで、右に左に揺れていた。

ピアノソロを待つ美恵子の胸は、燃えさかるマグマのように、さらに熱くなった。

山田美恵子は、昭和十四年、三人姉妹の次女として、神岡鉱山のある岐阜県吉城郡神岡町で生まれた。

しかし、五歳の時、父親が戦死したため、戦争未亡人となった母は、戦後まもなくから長い間、鉱山の雑役婦として働き、娘たちを育てた。

寮のトイレの清掃から入寮者の洗濯まで、美惠子は幼な心に「お母さんは汚い仕事ばかりしている」と思った。いや、そうした雑役をしているから、会社の温情で、母子四人が無料で社宅に住んでいられることを、この時まだ美惠子は知らなかったのである。

昭和二十一年四月、戦後の民主教育の開花とともに、美惠子は栃洞の小学校に入学した。記録によれば、美惠子が通学した時の小学校の校名は、昭和十六年から昭和二十一年まで三井栃洞校、二十二年から私立栃洞小学校、二十五年から神岡第一小学校と変わった。

したがって、美惠子は小学校卒業まで、校名が二度変更になったことになる。ちなみにこの神岡第一小学校が、昭和五十七年の統廃合まで長く続いた神岡町立栃洞小学校になったのは、昭和二十八年からである。

なぜ、数年の間にそれほど名称が変わったのか。それは、戦後の学制改革によって、三井金属鉱業が従業員の子弟教育のために私的に建てた小学校が、段階的に神岡町立の小学校に変わる過程にあったからだともいえよう。

美惠子が入学した昭和二十一年から、それまで不足していた教科書もザラ紙に印刷され、雑記帳も学校から支給された。

美惠子は、毎日通う学校が楽しくてしかたがなかった。特に、音楽の授業が好きで、合唱になると、先生のピアノに合わせて大きな口を開け、身体を揺するようにして無邪気に歌った。

美惠子が二年生になった時、こんな僻地の鉱山の学校にひとりの音楽教師が赴任してきた。名前を香川太吉と言った。

歌が好きな美惠子は、香川が音楽室でピアノを弾いているのを見つけると、いつも近くに立って微笑みながら見ていた。おかげで、香川とすぐに親しくなれた。

『栃洞校史』によれば、歴代職員録のページに、「香川太吉　昭和二十二年四月より昭和二十八年三月まで」と記されているから、美恵子の記憶にまちがいはない。

ピアノは、十本の指を早く、また遅く、強く、あるいは弱く動かすことにより、他の楽器と比較しても、桁違いの表現力を有する楽器だと言われている。美恵子にとっては、音楽室のピアノの鍵盤を指先で鳴らすポローンという音色が、たまらなかった。きっと、香川先生のピアノが発する美しい音色が、貧しい生活の中で荒んでいきがちな少女の心を温かく、豊かにしてくれたのにちがいない。

小学校高学年になった美恵子は、どうしてもピアノが弾きたくて、放課後、音楽室に向かった。そんなある日、勝手にピアノを弾いているところを香川に見つかってしまった。ピアノの鍵盤から指を下ろし、膝の上に手を置いたまま、下を向いて固まっている幼い美恵子に、香川はやさしく言った。

「ピアノが弾きたいの？」

「はい。先生、教えて下さい」

すると、香川はこう言った。

「先生はね、授業以外に生徒に教えてはいけないんだよ。まして、山田さんだけに教えるわけにもいかないでしょ」

「はい、わかりました」

「だったら、君にいい先生を紹介してあげよう。鉱山高校の生徒なんだけど、僕は彼を音楽の天才だと思ってるんだ。津田秋義君って、言うんだけどね、この学校の卒業生だし、頼めば、この音楽室で、君にピアノを教えてくれるかもしれないよ」

美恵子は、うれしかった。しかし、すぐには喜べなかった。香川以外の人にピアノを習うとすれば、月謝が必要だ。家が貧しいため、到底払えない。それが、美恵子には気がかりだった。美恵子は、再び、下を向いたまま、固まった。

「ああ、言っておくけど、月謝の心配はいらないからね。津田君にそう言っておくよ。そうそう、それから、お母さんが心配するといけないから、お母さんにも先生からピアノを習う許可をもらっておいてあげるね。放課後、習うとなれば、帰りが遅くなってしまうからね。君の家は、どこだっけ？」

美恵子は、自分の家が学校から山をかなり下った先の社宅であることを説明した。

学校から商店街を抜け、鉱山神社下からさらに急な番屋坂を一気に下る。この番屋坂のあたりは、鬱蒼とした森の急坂で、夜は月明かりも届かない、ふくろうがホー、ホーと啼く以外に音が聞こえない。子供にとっては恐怖の坂道でもあった。

江戸時代、罪人を鉱山で働かせていた際、山から逃げ出さないように、その坂の上に番屋があったところから番屋坂と呼ばれた。美恵子が小学生の頃は、番屋の跡に駐在所があった。

もちろん、毎日、通学する時は坂を上るのだが、近所の友だちといっしょに明るい道を上るのだから、急な上りだというだけで、特に問題はない。だが、放課後、ピアノを習って下校する頃には、暗闇である。しかも、女の子が一人でその真っ暗な坂を下るのである。それでも、かまわない、と美恵子は思った。

「遅くなって、ひとりで帰れるかな。ああ、そうか、大丈夫か。じゃあ、津田君に聞いてみてあげるね」

「先生、ありがとうございます」

美恵子が、その日、番屋坂を転がるようにして家路を急いだのは言うまでもなかった。

香川が名前を出した津田秋義とは、先の「あんちゃん」の章で登場した、「ブラスバンド」、「電蓄」、「津田秋義」の三題噺の津田である。橋詰外幸らが持ってきた譜面の下にドレミファを書いてくれた、あの親切な先輩である。

教師の香川太吉が言ったように、津田秋義が少年時代から「音楽の天才」であったことは、ほぼ間違いはない。ずっと同級生だった荒井豊はもちろん、橋詰外幸もまた、四年先輩にあたる津田の才能を絶賛していた。

その天才少年がまだ、鉱山高校に通っていた頃、小学生の山田美恵子は、そんな彼にピアノの基礎から教わることができたのである。


小櫻美恵子は、野首の自宅で、また立ち上がると、ピアノのある部屋から数冊の教則本を手に戻ってきた。

「これが、津田さんからいただいた本です。うち、貧乏だったから、ピアノの教科書なんか、買えないから。はい、そうです。これ、全部、津田さんから」

BEYER『バイエルピアノ教則本』、CZERNY『ツェルニー100番』、CZERNY『ツェルニー40番』、HANON『ハノン新訳増補ピアノ教本』全三巻、BURGMÜLLER『ブルグミュラー25の練習曲』、SONATINEN（『ソナチネ　アルバム2』）、『ピアノのテクニック』、バイエル併用『ピアノ小曲集』、BACH（バッハ）「第2」、PIANO『Latin Mood』……。

ピアノを習ったことがある人には、きっと見覚えがあるだろうと思われる有名な教則本が次々と私の前に並べられた。

ちなみにBEYERは、ドイツの作曲家、F・バイエルが作ったピアノ教則本である。

日本では、明治の初期、文部省の管轄下にあった音楽取調掛（のちの東京芸術大学）に招かれたアメリカのルーサー・W・メーソンによって導入された。ピアノ演奏のための指の動きを習得するための百六曲が収録されている。

HANONも同様で、フランスの作曲家シャルル・ルイ・ハノンが作曲したピアノ練習曲、BURG-MÜLLERもドイツの作曲家、ヨハン・ブルグミュラーが作曲した二十五の練習曲で、BEYERのあとのレッスン曲として定番になっている。

CZERNY（ツェルニー）も同じで、ベートーベンの弟子でリストの先生であるC・ツェルニーが作曲した教則本である。ベートーベンの曲を弾きたいならば、まず、この教則本CZERNYをマスターしておかなければならないわけだ。

ページをめくると、教則本には、津田の筆跡があった。

レガート（なめらかに）、モデラート、マルカート、スタッカート、早く、堂々と、はっきり日本語の注意もあった。そんな文字が、あるページには黒い鉛筆で、ある楽譜の上には朱色で、書かれていた。いかに、津田が一生懸命、教えたかである。

美恵子は、BEYERからはじめた。そして、時間を惜しんで、鍵盤に向かった。なにしろ、当時、小学生だった美恵子にとって、大好きなピアノを弾いている時が至福の時間であったのだ。

「ユートピアは場所ではない。時間である」という言葉がある。

一般にユートピアと言えば、そこに行けば、すべての夢が叶うとされる「理想郷」だが、それで言えば、美恵子にとっては、音楽室が理想郷ではなく、母子家庭という現実を忘れて、ピアノ演奏に没頭できる「時間」こそ、ユートピアだったのである。

「私が今日あるのは、香川先生と津田さんのおかげです。特に、津田さんには、いまでも感謝しています」

そう言いながら、彼女は津田秋義の話をはじめた。

「ピアノを弾きたい」という鉱山の少女に一生懸命、ピアノの基本を教えてくれた当時鉱山高校の学生だった津田秋義について、まるで少女に戻ったかのごとく、美恵子は夢中になって私に話してくれたのであった。

津田は、ふだんは穏やかで美恵子に優しく接してくれたが、いざ、ピアノの練習に移ると厳しかった。

「いいかい、まずゆっくり弾く。その速度で間違えずに弾けるようになったら、速度を上げる。ひとつの音でも間違えたら、また速度を落とす。基本をしっかりやるんだ」

「ダメ！　指だけで弾こうとしたら。手首の力を抜いて、軽く横に移動する感じで」

「今度、僕が来る時まで、これとこれと、それからこれね、全部、上手に弾けるようにしておくんだよ」

こうして、美恵子は、津田がいない日も放課後、音楽室のピアノのレッスンに励むのであった。好きこそものの上手なれである。美恵子は津田が目を丸くするほど、みるみるうまくなっていった。

美恵子が中学生になると、津田は音楽大学に進んだため、指導を受けるのは、彼が夏休みや冬休みに帰省した時だけになった。

そんなある日、津田がピアノを弾いている美恵子の前に一枚の楽譜を置いた。

「よし、じゃあ、今日からこの『乙女の祈り』を弾いてみよう」

「え、『乙女の祈り』ですか。わー、私、大好きな曲です」

美恵子は、早速、最初の左右のユニゾンを弾いてみた。

「もっと、強く！　前に打音がついているだろ、出だしでアクセントをつけて」

「五小節目からオクターブで上がっていくよ。六小節目は下がる。七、八小節目は和音を変えて同じことの反復でしょ。九、十は五、六と同じね」

「アルペジオ（和音を展開して弾く）とトリル（二つの音を交互に早く弾く）がむずかしいだけだから、ブルグミュラーが終わった君なら大丈夫だよ」

「ただ、楽譜通り弾けたってダメなんだよ。作曲者の気持ちを理解して弾かないと」

津田は、賢い美恵子に合わせて、さまざまな注意を与えた。美恵子の家庭の事情は、きっと教師の香川太吉から聞いていたにちがいなかった。

ちなみに、この『乙女の祈り』を作曲したのは、ポーランドのテクラ・バダジェフスカというアマチュアの女性作曲家である。誰に頼まれたわけでもなく、自費出版した楽譜がたまたまパリの有名な音楽雑誌の編集者の目に留まり、発表されたのがきっかけで陽の目を見たのであった。

掲載されるや否や、この曲がパリの社交界で話題になり、当時のサロン音楽の代表曲にまでなった。

それは、当時、パリの社交界では、ピアノを弾けることが女性たちにとってのステイタスとなり、この曲を弾けば、幸福な結婚が叶うと信じられていたからであった。原題も「処女の祈り」。

まさに作曲者の狙いも、『乙女の祈り』そのものであったわけである。だが、その三年後に、この曲の作曲者テクラは二十七歳の若さで亡くなった……。

こうした背景を知って弾くのと、ただ音符通り弾くのとでは、演奏者として、大きな差が出るということを津田は、美恵子に伝えたかったのである。

それからというもの、津田がしばらく現れなくなっても、美恵子は、放課後、あたりが暗くなるまで音楽室でひとりで『乙女の祈り』の練習を繰り返していた。

それは、まるで、一生懸命この曲を弾けば、将来の幸せが手に入ると一心に祈っている少女漫画のヒロインのようであった。だが、すぐに現実に戻った。家に帰れば、もう夜であった。家にたどり着くと、姉と妹の鋭い視線が待ち構えていたからだった。

母親がひとりで鉱山の雑役婦として必死に働いて生計を立てているということは、少なくとも三人の娘たちは、せめて家事を手伝わなければ生活はやっていけない。美恵子の姉は、毎日、のんきにピアノのレッスンをしてくる美恵子を許さなかった。妹も文句を言った。

それはそうだ。姉だって、妹だって、やりたいことがあった。しかし、他の子が遊んでいても、家の手伝いのために学校からまっすぐに帰ってこなければいけなかったのだから。

特に、山の上の鉱山の社宅の冬支度は大変だった。配給になった原木の丸太を適当な大きさに鋸で切り、それを斧で割って、冬のストーブのための薪にする作業は、男でも大変だった。十二月から三月まで、飛騨は雪の中だから、少なくとも四カ月分の薪を冬が来る前に用意しておかなければならないからである。

美恵子の家では、母が働いていたため、その作業を娘三人でやらなければならない。その上、毎日の家の炊事、掃除、洗濯、あと片づけまで子供たちが手伝わなければ、家は立ちゆかなかったのである。

次女の美恵子が、それをやらずにピアノの練習ばかりしているのだから、姉や妹が怒るのも無理はなかった。だが、不思議なことに、美恵子の母は、一切、彼女に「手伝いなさい」と言ったことはなかった。

もしかしたら、音楽教師の香川太吉が美恵子の才能を伸ばせるものなら伸ばしてあげるようにと、母親を説得したのかもしれなかった。

美恵子の母にすれば、食べることが精一杯の毎日という苦しい日常生活のなかで、娘のピアノが、母としての唯一の希望の灯火だったかもしれなかった。姉は、中学を卒業すると、働きに出るために、故郷を離れていった。

幸いなことに、美恵子は地元の県立船津高校に入学できた。姉が働き出したことで、少しだけ家庭に余裕ができたのかもしれなかった。

昭和三十三年四月、山田美恵子は、高校を卒業すると、母が働く三井金属鉱業神岡鉱業所に入社。栃洞坑の人事課に配置された。

長嶋茂雄が巨人に入団した年のことであった。ラジオからは、石原裕次郎の歌声が響いていた。

美恵子はうれしかった。それは、母に迷惑をかけずに済むということではなかった。何よりも、勤務先の建物が学校に近く、もう一度、学校の音楽室でピアノが毎日、弾けるということだった。

勤務時間は午前八時から午後四時半まで。仕事は、栃洞坑で働く鉱夫たちのための窓口業務であった。美惠子は、仕事が終わると、すでに放課後で生徒がまばらの学校に向かった。そして、宿直の教師を見つけると、声をかけた。

「山田です。ピアノを弾かせてください」

「はい、どうぞ。帰る時には、必ず声をかけてくださいね。鍵をかけますから」

「はーい」

タタタターンタ　タタタタタタタン〜

しばらくすると、夕闇の迫る音楽室から、『乙女の祈り』の美しいメロディーが山なみにこだました。

ある日、美惠子がいつものように仕事を終えて、学校の音楽室に行こうと思っていると、人事課の上司の小櫻喬が声をかけてきた。

「山田君、君、ピアノが弾けるんだって?」

「ええ、でも、ちょっとだけですよ」

「うちのマイン・ニュー・アンサンブルって知ってるだろ」

「はい」

「ピアニストとして入って、いっしょにやってみないか」

「え、私でいいんですか?」

「バンドマスターの林さんが、ピアニストを探しているんだ。ほら、君も知ってる通り、僕はマイン・ニュー・アンサンブルに関係しているだろ。だから、僕も君が入ってくれるとうれしいんだけど……」

もちろん、美恵子は「神岡マイン・ニュー・アンサンブル」の存在は知っていた。子供の頃から、何か会社の行事があるたびに、銀嶺会館でマイン・ニュー・アンサンブルが演奏しているのを見ていた。が、まさか、自分がその一員になれるとは思っていなかった。

いつかステージで、ピアノを弾いてみたいと思っていた美恵子にとって、小櫻の頼みを断るわけなどなかった。それに、職場でいつも自分に優しい小櫻に対しても好感を抱いていた。その小櫻の頼みである。胸が高鳴ったのは言うまでもない。

「神岡マイン・ニュー・アンサンブル」は、この時、全国の企業のコーラス部や軽音楽部などがその技能を競う日本産業音楽祭中部大会への出場を目指していて、ピアニストが必要だったのだ。その白羽の矢が、高校を卒業したばかりの山田美恵子に立った。

それから数日後の日曜日、美恵子は、小櫻に誘われるまま、メンバーがつねに練習している銀嶺会館に向かった。

銀嶺会館には、すでに、ピアノが運ばれてあった。

はじめての練習日、美恵子は緊張した。伝説のバンドマスター林正輝がそこにいた。

「林です。よろしくお願いします」

「こちらこそ、よろしくお願いします」

「みんな、今日から、アンサンブルのメンバーとしてピアノを弾いてくれる山田美恵子さんだ。よろしくね」

「よろしくお願いします」

「よろしくな」

「オッス！」

小櫻喬も、美恵子がメンバーに歓迎されているのを見て、心からうれしそうだった。ピアノが上手なだけではない。仕事も真面目にやってくれるし、性格もいい。彼女はきっとみんなに好かれるにちがいない、と小櫻は思った。

仲間たちは、挨拶もそこそこに、それぞれの楽器を取り出し、二階の控室に向かった。しばらくすると、トランペット、トロンボーン、サックス、ギター、ベース、ドラムの音が勝手に重なっていった……。

バイエルやブルグミュラーの練習曲を津田から学んでいた美恵子に、バンドマスターはその日から、ラテン音楽やスウィングジャズの演奏を要求した。

その時、津田がくれた教則本、Piano『Latin Mood』がとても役に立った。まるで、この日の自分のために、津田が残してくれたようであった。

「セレソ・ローサ」、「マンボ・No.5」、「闘牛士のマンボ」、「ある恋の物語」、「エル・クンバンチェロ」、「エル・マンボ」、「ラ・パロマ」……。

美恵子は、その後、坑内の仕事を終えて集まってくる男性メンバーに交じって、夜、遅くまで必死でピアノを練習するのであった。

それから、三年後——。

昭和三十六年九月二十四日、第四回日本産業音楽祭中部大会の二十二番目に登場した三井金属鉱業

神岡鉱業所栃洞音楽部「神岡マイン・ニュー・アンサンブル」二十五名による「真珠の首飾り」、「枯葉」、そして「エル・マンボ」の演奏が終わった。

拍手が鳴り止まない。美恵子は、マンボのリズムに合わせて力強く鍵盤を叩いた両手の指を労わるように、膝の上に静かに置いた。

(うまく弾けた!)

彼女は、楽団のメインステージで見事に大役を果たした。林と目が合った。林の瞳がやさしく微笑んでいた。美恵子は、多くの観衆を前に、ピアノを弾き終えたという、まるで大地に沈む夕日のようなこれまでにない大きく熱い思いの満足感を味わっていた。

全参加チームの演奏が終了後、審査員より講評があった。

審査員のひとり、作曲家横井園生は、神岡マイン・ニュー・アンサンブルの演奏に対して、こう言った。

「まことに目のさえるような演奏でございまして、ここまで続けて聞いていて、申し訳ないが、ちょっと眠かったような感じもありましたが、この楽団が登場して、会場の皆さんも非常に拍手の響きも高くなりまして、実に見事な演奏であったなと思います」

「まず音楽が生き生きとして音がふんだんに出ておった。いままでいろんな楽団の演奏がありましたけれども、楽器の持っておる本当にいい音が出し切らなかった。例年、去年も一昨年も聞かせてもらったのですが、例年劣らず楽器の性能をよく出し切ったアンサンブルだと思います」

「ことに、指揮者の方が非常にご堪能のようですし、指揮と編曲を兼ねていらっしゃるというのは、まことに理想的だったと思います。ピアノの女性の方も非常にうまいし、特に最後の曲などはこのバンドにもっともぴったりしたものじゃないかと思います」

(私が褒められた……)

美恵子は飛び上がらんばかりに、うれしかった。

貧しい家の少女だった自分に一生懸命、ピアノを教えてくれた津田秋義の姿が、ふと美恵子の脳裏に浮かんだ。

(津田さんがいなかったら、いまの私はいない……)

放課後、音楽室でピアノを一生懸命弾き、真っ暗な夜道を鞄を鳴らしながら、家路を急いだ子供の頃の思い出が蘇ってきた。

実は、津田は、この会場にいた。

いや、正確に書こう。

この第四回日本産業音楽祭中部大会で神岡マイン・ニュー・アンサンブルの一員として美恵子がピアノを弾き終わって退場した三団体目に、倉敷紡績木曽川工場合唱部二百五十名が登場し、「出船」と「こおろぎの歌」を発表した。

そのコーラスの指揮をしていたのが、津田秋義であった。

しかも、この年、神岡マイン・ニュー・アンサンブルが優秀賞を受賞しているが、津田が指揮した倉敷紡績木曽川工場合唱部もまた、同じ、優秀賞を受けている。

いま、その時のパンフレットが私の手元にある。

二十二番目に神岡マイン・ニュー・アンサンブルと書かれており、演目と指揮者の名はあるが、メンバーの名前まで書かれていない。もし、津田が自分がピアノを教えたあの小学生が、そのあとに自分も立つ同じステージのセンターでピアノを弾いていることを知っていれば、きっと会場で、山田美恵子の演奏を聞いたであろうし、終われば声をかけたにちがいない。

また、林と津田が顔見知りであれば、ふたりとも優秀賞を受賞しているのだから、お互いに抱き合って喜び合うにちがいなかった。だが、神岡が生んだふたりの天才、林と津田は、親しくなることはなかった。

私は、ここまで書いて、小櫻美恵子に電話をしてみた。

彼女は、そのことをまったく知らなかった。中学を卒業して以来、恩人の津田とは、一度も会っていないし、年賀状を出したくても、ずっと住所がわからなかったと言う。

まさにあの日は、飛騨山中の鉱山の若い男女の不思議な人生の交差点であった。

その時、山田美恵子二十二歳、小櫻喬二十四歳、津田秋義二十八歳。林正輝三十四歳の秋であった。

第七章　天空のダンスパーティー

「シー」は、グラスに残ったスコッチを一気にあけた。

ロックグラスのなかで、カランと大きな氷が転がる音がした。そして、再び、グラスをテーブルに置くと、ボトルを手にとり、グラスの中の傾いた氷を撫でるように琥珀色の酒をやさしく注ぎながら、こう言った。

「毎年、クリスマスにね、あの鉱山の上でダンスパーティーがあってね、パーティードレスにハイヒールの女性たちが、横なぐりの雪の中、麓の町から次々とタクシーで銀嶺会館に集まってきたんですよ。いやあ、百人や二百人じゃきかないですよ。もちろん、男性もたくさん集まってきたけどね」

「麓の神岡町に住んでいる人たちが参加したんですか?」

「そうですよ。神岡はもちろん、飛騨高山から来た女性も多かったですよ。僕たちがステージで演奏したんですけど、いやあ、こっちも気持ちよかったし、みんな楽しそうでしたよ。うん、あれは毎年、すごかった。今度、誰かに聞いてみてください。ほんと、いま、思えば、一瞬の夢のようだったですねえ」

「シー」は目を細めながら、そう言うと、まろやかさを確かめるように、グラスのなかのスコッチを舌の上で転がし、グッと飲み込んだ。

鉱山のクリスマス、そして、ダンスパーティー？

小さな木造の社宅が山なみの間に肩を寄せ合うようにして並んでいる栃洞地域で行われたという、場違いに豪華なダンスパーティー。いったい、どんな様子だったのだろう。私も手にしたウイスキーのオンザロックを口に運びながら、「シー」の話に聞き入った。

聖夜。収容人数七百人と言われる銀嶺会館のなかは、盛装した男女の愛の熱気で溢れていた。この夜を待ちきれなかったかのように、男と女が情熱的に身体を寄せ合い、腰をリズミカルに振りながら、ムード音楽に合わせて踊っていた。

「ホワイト・クリスマス」のメロディーが静かに流れる——。

ブラジルのリオのカーニバルに参加するエスコーラ・デ・サンバ（サンバ学校。カーニバルのパレードに参加するチーム）の踊り手たちは、その数日だけのために一年の残りの三百六十余日を働くという。三井金属鉱業神岡鉱業所栃洞坑で働く人たちのクリスマスの夜もまた、そうではないかと思われるほど、まわりの人々の表情が普段とは明らかにちがって上気し、「シー」には、彼らの瞳がこの上なく明るく輝いて見えた。

外は、吹雪であった。だが、暖房の効いた会場は異様に熱かった。

ステージでは、鉱山で働く男たちの楽団「神岡マイン・ニュー・アンサンブル」のクリスマスソングをはじめとする名曲の演奏が一段と冴え、天井のミラーボールがクルクルと回り、その下では盛装した多くの男女が一年に一度のダンスに興じていた——。

いまは人影もまったく途絶えた神岡鉱山栃洞坑に、かつて、確かに、そんな華やかな夜があったことを、「シー」は私に伝えたかったのである。

「シー」は、「神岡マイン・ニュー・アンサンブル」の最後のドラマーだった。

彼はステージのさらに一番高いところでドラムを叩きながら、着飾った女たちとそれを巧みにリードするスーツ姿の男たちのステップをその目で見ていたというのである。

(あれ？　隣のあんちゃん、あんなきれいな女と。驚いたな)

ステージの上からは、男女の愛の仕草がつぶさに見えた。姿勢よく踊りながら、目を見詰め合っているカップルもいれば、ただ身体を重ねている男女もいた。

鉱山の坑道の最前線で削岩機を担いで働き、毎日泥まみれになってトロッコで外に戻ってくる仲間も、この日はスーツにネクタイ姿だった。栃洞中学校の同級生だった女性も、胸も出て、すっかり女らしい体型になり、会社の先輩らしき男と親しげに踊っている。「シー」がよく飲みに通っている麓の町のスナックの彼女も、今夜は赤のドレスが実によく似合った。

(きっと麓の町から見上げたら、ここは、天空のクリスマスパーティーだろうな！)

ダン、ダカダカダカ、ダン、ダカダカダカ、ダンダン、ダカダカ……

「シー」は、左右のスティックを振りながら、そう思った。

水本重夫。名前の「重夫」から、子供の時から「シー」、または「シーちゃん」と呼ばれていた。

「シー」は、昭和二十二年八月十八日、神岡鉱山栃洞坑で働く父親の次男として、南平の社宅に生まれた。そして、社宅に生まれ育った多くの子供と同様に、三井金属鉱業が経営する栃洞小中学校を卒業した。

栃洞坑で働いている従業員の子弟で成績優秀者は、通常、その後、鉱山高校に進むのであるが、昭和二十三年に創立した神岡高等鉱山学校は、昭和三十七年に学校法人神岡工業高校となったため、彼は昭和三十八年にその神岡工業高校に入学、四十一年に卒業している。

ちなみに、この神岡工業高校は、昭和四十二年に学校法人が解散し、三井金属とは縁が切れ、神岡町立神岡工業高校となり、平成九年に岐阜県立船津高校と統廃合し、現在は岐阜県立飛騨神岡高校となっている。

彼は工業高校を出ると、三年ほど、千葉県内の企業に就職していたが、家庭の事情から生まれ故郷の栃洞に戻り、二十二歳の時、父や兄が働いていた三井金属鉱業神岡鉱業所に入社。以後、定年までヘルメットをかぶり、暗く危険な坑内の最前線で、進窄に従事した「鉱山の男」であった。

その「シー」が「神岡マイン・ニュー・アンサンブル」に入った動機は定かではない。

誰かに誘われたとも、鉱山のなかでの仕事だけではおもしろくなかったとも言われているが、本人もなぜ入部したか、よく覚えていないと言う。

しかし、彼は中学校時代、ブラスバンド部でホルン、チューバ、トロンボーンを吹き、さらには神岡工業高校時代にも運動会でトランペットでファンファーレなどを演奏したというから、昔から楽器の演奏は上手だったのかもしれない。

ただし、これだけは、はっきりと言える。

「シー」にとっては、たまたま入部したのかもしれないその時代が、いま思えば「神岡マイン・ニュー・アンサンブル」の、まさに全盛期、いや、絶頂期だったのである。

その証拠を、私は手に入れた。

一冊の「赤いパンフレット」である。

「シー」は、昭和四十四年に入部している。その一年後の昭和四十五年十一月二十日、十一月二十一日の二日間にわたって、「神岡マイン・ニュー・アンサンブル」は、「二十五周年記念演奏会」を開催していた。昭和四十五年は、大阪万博でにぎわった年である。もちろん、この演奏会には、「シー」も出演している。

その時のA4、二〇ページの厚手のパンフレットを開けてみよう。

厚手の表紙には、大きくト音記号が描かれ、KAMIOKA MINE NEW ENSEMBLEという文字が赤地に白で抜かれている。そして、その下に「神岡マイン・ニュー・アンサンブル25周年記念演奏会」とある。

私は関係者から「神岡マイン・ニュー・アンサンブル」に関する、さまざまな資料を借りたが、どの冊子よりもこのパンフレットが一番立派なところからみても、「シー」が入部した時が「神岡マイン・ニュー・アンサンブル」の全盛期だと言えるのである。

表紙を開けると、見開きで上にメンバーの名前、下半分が「神岡マイン・ニュー・アンサンブル」の大きな演奏写真である。

メンバーを写しておこう。

バンドマスター、編曲・指揮・林正輝、トランペット・黒川修三、沢田靖男、黒川外志雄、林敏雄、長谷一博、水本重夫、トロンボーン・青山務、橋詰広史、召田清治、山本稔、ピアノ・小櫻美恵子、サックス・横山勇、谷口精市、尾形朝現、荒井豊、大下登、浅野邦男、ギター・富田春平、ベース・吉田徹男、ドラム・館谷香津利、パーカッション・大坪隆志、栗原正文、松井一徳、大洞孝則
　そして、「結成25周年記念演奏会　1970・11・20（金）神岡会館　1970・11・21（土）銀嶺会館」とあった。

　ここまでに各章で書いたバンドマスター林正輝、元スキー選手の荒井豊、「あんちゃん」こと橋詰外幸の弟で陸上自衛隊音楽隊から入部した橋詰広史（本文中は廣史）、前章の小櫻美恵子、「縁の下の力持ち」大坪隆志の名前がここでも確認できた。トランペットだけで六人もいる。トロンボーンが四人、サックスが六人……。これだけでも、かなりの大きな楽団である。

　ところで、「シー」こと水本重夫がトランペット奏者だったことに、気づいただろうか。私は、冒頭に「シー」がドラマーだったと書いている。トランペット奏者だった「シー」が、なぜドラマーになったのかについては、後述する。

　ちなみに、この時の二十五周年記念演奏会の会場となっている神岡会館は、当時、麓の神岡町東町にあった会館で、収容人数千三百名、立ち見を加えれば千五百名は収容できたし、また、銀嶺会館は三井金属鉱業神岡鉱業所所有の福利厚生施設で、収容人数七百名、立ち見を入れて一千名は入ることができたというから、この演奏会の規模もわかろうというものだ。

　言い換えれば、アマチュアであり、しかも、特に鉱山の坑内で働いている従業員たちによる楽団の演奏会が、二日間にわたって、千人規模の会場で行われたのだから、この「神岡マイン・ニュー・アンサンブル」が、いかに地元で人気があったか、しかもこの時代が最盛期、絶頂期だったかの証明になる。

パンフレットの次のページには、「記念リサイタルによせて」と題して、三井金属鉱業神岡鉱業所所長・吉田博保、神岡町町長・尾内広行、神岡労組執行委員長・中野忠芳、音楽部顧問の高多久明、同・佐々木賢治のお祝いの文章が掲載されている。

さらにページを繰ると、当日の演奏曲が書かれてある。三部形式で、一部はアトランダム、二部はローカル歌手による歌謡ショー、そして三部はラテンタイムであった。どんな曲を演奏したか、記念に記しておこう。

プログラム
思い出はリズムにのって
1　我は海の子
2　インザ・ムード
3　乙女の祈り
4　アメリカン・パトロール
5　タキシード・ジャンクション
6　夕陽が泣いている
7　黒田節
2部　歌謡ショー
1　想い出のソレンツァラ　唄・園田洋子
2　悲しい酒　唄・阪下春代

3　花のワルツ　唄・大洞正則
4　湖畔の宿　唄・大浦外志子
5　お城音頭　唄・大洞正則　舞踊・音羽会
6　長良川夜曲　唄・阪下春代
7　心の旅路　唄・大洞正則
8　京都の恋　唄・大浦外志子
9　何があなたをそうさせた　唄・大浦外志子
10　経験　唄・園田洋子
11　今日でお別れ　唄・園田洋子

ラテン・タイム

1　セレソ・ローサ
2　マンボNo.5
3　闘牛士のマンボ
4　エル・クンバンチェロ
5　未完成のチャチャチャチャ
6　ある恋の物語
7　お江戸日本橋
8　エル・マンボ

合計二十六曲。これを千名あるいはそれ以上の聴衆に向けて、二日間にわたって演奏したとすれば、素人の楽団にしてはたいしたものである。

ページを繰っていると、このプログラムで注目すべき「祝辞」があった。

一四ページ目に写真入りで書かれてある文章であった。そこには、こうあった。

「林正輝とM・N・E25周年を祝して」　ダン池田とニューブリード　Trb　西村久

ミシシッピーの流れに汗をした黒人のブルースが「ニュオルリンズ」の酒場で流した女たちの涙が遠く奥飛騨の「二十五山」に木霊して25年。若き音楽を愛する一人の男も今はもう45歳。ジャズのビートが驚きで迎えられた時から、今「ロック」の踊で迎えられるまで「マイン・ニュー・アンサンブル」は神岡の人達に音楽の楽しさを、そして生演奏の迫力を与えてきたのです。なんと忍びやかで、なんと誠実な「プレゼント」でしょう。自分達の仕事の間をつかれた身体に練習練習。「好きな事だもの」と人は言うでしょう。でも、ここまで来るとこれは一つの興味では語れない何かを感じないでは居られません。この「グループ」で育った一人の男が東京で「プロ」の世界に入ったとの事です。ある有名な音楽家の言葉にこんなのがあります。「music is think」。音楽とは考える事である。「プロ」の世界に入ってもこの言葉の様に考え、そして25年の歴史の中で育ちおぼえた「アマチュア」の立派な精神で頑張っていると風のたよりで聴いております。これからも神岡の人達は「マイン・ニュー・アンサンブル」の音楽家達と一緒に遠く音楽のふるさとに行く事ができるでしょう。そして、東京で「プロ」の道を行く一人の男も「マイ・ハピネス」のバンドテーマに乗って遠くふるさと神岡へその魂を運ぶ事でしょう。「マイン・ニュー・アンサンブル」よ、人生を忘れかけた人達に人間の魂の唄を聴かせてやってくれ。

Trbとは、トロンボーンのことである。

この祝辞を寄せた西村久は、昭和十七年生まれ。国立音楽大学卒。高橋達也と東京ユニオン、ダン池田とニューブリードなどで活躍した一流トロンボーン奏者である。父が三井金属鉱業神岡鉱業所で働いていたため、栃洞で育った。

したがって、西村は子供の頃から「神岡マイン・ニュー・アンサンブル」を見て育ち、特に、リーダーの林正輝とは家が近かったことにより、かなりの年の差はあるものの、親しかったようである。記録によれば、昭和三十三年、三十四年に「神岡マイン・ニュー・アンサンブル」に所属している。やがて、彼は東京に出て、音楽大学でクラシックを教わりながら、当時「不良の音楽」と言われたジャズを密かに学び、卒業と同時に、当時の人気バンド高橋達也と東京ユニオンに入団した。

「あんちゃん」こと橋詰外幸によれば、西村が大学在学中によく栃洞に帰省し、トロンボーンの教則本を開いては聞かせてくれた時の音の素晴らしさに感動したという。

文中の「この『グループ』で育った一人の男が東京で『プロ』の世界に入った」とあるのは、まさに自分のことであるし、「マイ・ハピネス」は「神岡マイン・ニュー・アンサンブル」のテーマ曲であった。

逆に言えば、第四章で書いた、武蔵野音楽大学を出てジャズシンガー武井義明のバンドに入った佐々木浩史と同様に、この西村久もまた、「神岡マイン・ニュー・アンサンブル」からプロの音楽家になった一人だということが、ここではっきりと断言できるのである。

坑内の音楽愛好家たちのハーモニカバンドからはじまった職場の楽団から、プロの音楽家が出たという「事実」を、この西村久の祝辞が物語っていた。

西村が所属したダン池田とニューブリードと言えば、NHKの紅白歌合戦のバンドであり、毎年、番組終了時に「蛍の光」を演奏していた。かつて、大晦日の夜、NHKの画面に映ったニューブリードの中に、「神岡マイン・ニュー・アンサンブル」と深い関係があった西村がいたと思うと感慨深い。

ちなみに、ダン池田は昭和十年、旧朝鮮京城（現・ソウル）生まれ。中央大学在学中からバンド活動をはじめた。昭和四十四年、ダン池田とニューブリードを結成し、人気番組「夜のヒットスタジオ」、「オールスター家族対抗歌合戦」などの音楽番組で活躍。昭和四十七年よりNHK紅白歌合戦の指揮者を務めた。平成十九年、七十二歳で死去している。

そのダン池田とニューブリードの全盛期に活躍した西村が祝辞を寄せ、華々しい結成二十五周年記念演奏会を終えた「神岡マイン・ニュー・アンサンブル」に事件が起こったのは、それからしばらくしてのことである。

ドラムを担当し、人気のあった館谷香津利がいつのまにか、練習に来なくなったのである。

「いや、そういうことは別に珍しいことじゃないんですよ。これまでも何度もあったけど、それまではトランペットとか、トロンボーンとかサックスだったから、何人もいたから大丈夫やったんだけど、館谷さんのあとのドラムは、さすがの林さんも困ったようだね」

「シー」は、うまそうにスコッチを飲みながら、自分がドラムをやることになった経緯を楽しそうに話し出した。

考えてみれば、これまでもバンドマンの交代は何回もあった。記録をみれば、昭和四十五年の結成二十五周年までの間に、一度でも「神岡マイン・ニュー・アンサンブル」の一員としてステージに立った者は、なんと百十名もいた。最初からずっといるのは、林正輝だけである。したがって、館谷香津利の前は山口欣也が長くドラムを担当していたのである。

「神岡マイン・ニュー・アンサンブル」が神岡鉱山に勤務する従業員の楽団であるかぎり、部員が辞める理由はいくらでもあった。転勤もあるだろう。もちろん、転職もあれば、病気や怪我も考えられる。さらには、引越し、家庭の事情、林との考え方のちがい、女性なら先の小櫻美恵子のように結婚もあったにちがいない。

特に、鉱山不況による合理化で、一挙にメンバー八名が山を降りたのも、それから数年後のことであった。

話は「シー」に戻る。

急にドラムがいなくなって青くなったのは、バンドマスターの林であった。

林は、「シー」を呼んだ。

「水本君、君、ドラムをやってくれないか」

なぜ、バンドマスターがトランペットの「シー」にドラムをやらせたのか。

その理由は簡単だった。

トランペットは、いつも最後列だった。「シー」が入った時は、トランペットが六人もいた。そして、「シー」の指定席は、トランペットの端、ドラムの隣だった。だからいつもドラムの演奏を間近で見聞きしていた。そして、休み時間になり、ドラム担当の館谷が席をはずすと、勝手にドラムを叩いては遊んでいた。それを林が見ていたのだった。

林は、「シー」にこう言った。富山のバンドに名ドラマーがいる。彼にはすでに頼んでおいたから、行ってドラムを正式に習ってくるようにと。職場で教わるのではない。麓の町でもない。車で一時間もかかる富山市まで山道を下り、教えてもらって来るようにという指示であった。

もちろん、仕事を終えてからの話である。一の方の場合は、朝七時から午後三時までが仕事である。仕事を終え、風呂に入って支度をしても四時。それから山を下りて、富山までドラムを教わりに行き、また戻ってくるのだから大変である。

「シー」は、しかたなく、林に言われた通り、「ドラムの先生」の家を訪ねていった。

「はい、主人から聞いています。まず、これをやってくださいとのことでした」

「先生」は自宅にいなかった。いるわけがない。「先生」も富山の工作機械メーカー不二越で働いている従業員なのだから。不二越のアマチュアバンドも、当時、職場の楽団としてはかなり有名で、林はよく「神岡マイン・ニュー・アンサンブル」とは合同演奏会をやった関係から、その「先生」を知っていたのである。

「先生」の奥さんは、たくさんの電話帳を「シー」の前に並べると、スティックを渡し、目の前のメトロノームを動かした。

「はい、このリズムに合わせて、右、左、右、左と電話帳を叩いてくださいね」

(バカにするな!)と「シー」は思った。

「でも、まあ、いいか。最初の日ぐらいは。先生がいないんだからって、そう思ったんですよ。ええ、一、二、一、二って、やって、また一時間かけて帰ってきましたよ。でもね……」

そこで、「シー」は、また、残りのウイスキーを一気に飲み込んだ。

「それがね、その次の日も、その次の日も、メトロノームがただ早くなるだけで、同じなんですよ。ええ、先生はいません。奥さんだけ。笑っちゃうでしょ」

よほど、林からの連絡が悪かったのか、あるいは、人を介して頼んだのか、さらには馬鹿にされたのか、「シー」はその先生に会うことはとうとうなかったという。だったら、自分でやったほうがいい。第一、富山までの往復の時間が無駄だ。

「シー」は自宅の近くのガレージを借り、そこにドラムセットを置いて練習した。もともと音感の優れている「シー」にとっては、ドラムは「耳学問」だった。レコードで「神岡マイン・ニュー・アンサンブル」のレパートリーを覚え、自分なりのドラム譜をつけ加えた。

こうして、「シー」はいつの間にか、「神岡マイン・ニュー・アンサンブル」のドラマーになった。もちろん、その時は、まさか自分が最後のドラマーになるとは夢にも思っていなかった。

そして、その年のクリスマスのダンスパーティーの日がやってきた。


十二月二十五日、栃洞は必ずと言っていいほど、吹雪だった。その日も、朝から雪は上からではなく下から舞い上がるように、銀嶺会館の外壁や窓を白く彩っていた。鉱山は一面の銀世界だった。

そのなかを「神岡マイン・ニュー・アンサンブル」のメンバーたちが徐々に集まってきた。

「おはよう！　この分じゃ、今夜のダンスパーティーも吹雪だねえ。やってくる女性たちは大変だ。リハーサルは何時から？」

メンバーを見かけると、誰かれかまわず明るく声をかける男がいた。

「神岡マイン・ニュー・アンサンブル」のコーディネーター、茂利昌彦であった。茂利は、三井金属の従業員ではない。だが、彼は「神岡マイン・ニュー・アンサンブル」に関して、演奏以外はすべて何でもやった。いわば、なくてはならない裏方、雑用係、何でも屋、便利屋であった。

照明、音響、舞台美術、大道具、小道具、パンフレットの制作、楽譜の手配、演奏旅行があれば、車の手配から宿の料金交渉、打ち上げの設定まで、あらゆる仕事を一手に任されていた。

今日の仕事のメインは、なんといっても、ダンスパーティーである。

「さあ、ホールの入口に屋台を並べることになってたでしょ。椅子はいらないよ。人が通るのに邪魔になるし、立ち飲み、立ち食いでいいんじゃない」

「リハーサルの時間、決まったら教えて。ミキサーと照明室の準備があるから」

「緞帳は、それでいいね。ちゃんと上がるよね。ちょっと動かしてみて」

「ステージの看板、ちょっと上すぎない？　もうちょっと下げてみようか」

「ステージのバック、照明だけでいいかな。林さんに聞いといて」

「ああ、飲み物ね、いったん控室に運んでおくか」

「問題はクロークだなあ。ご婦人方、コートとかお荷物が多いからね」

「ミラーボールに、カラーの照明あてるからさ、あとでいっぺんやってみよう」

「シーちゃん、井沢さん、今日、ここに何時ごろ、見えるって？」

茂利は、銀嶺会館に入るなり、夜のダンスパーティーのための指示を次々と的確に与えるのであった。井沢さんというのは、井沢一郎、本社採用の職員で、音楽部長を務めてくれ、よほど、音楽が好きなのか、自ら「神岡マイン・ニュー・アンサンブル」の司会までかって出てくれている。いわば、本日のイベントの会社側の責任者だ。

茂利が井沢を探すのは、今夜のダンスパーティーの最終的な打ち合わせをしたいからであった。それにしても、社員でもない、茂利がなぜそこまでイベントのすべてをまかされるようになったのだろうか。

水本重夫から話を聞いた翌朝、私は、神岡町堀川の茂利の家を訪ねた。

茂利昌彦は、いまは、麓の神岡町に古くからある茂利旅館の主である。しかし、茂利は宿の主人というより、どこか洗練された都会の匂いがする老紳士であった。

「私はね、三井金属の社員ではないんですが、若い頃は、総務部に頼まれて、芸能関係のいろいろな仕事をしていたんですよ」

「たとえば?」

「たとえば、昔、銀嶺会館に歌手が来ましたよね。美空ひばり以外は、全部来たといわれてますけど、そうした歌手の興行を三井金属が直接お願いしたり、興行を受けるわけにいかないでしょ。まして、福利厚生のためにやっているんですから、チケットを売って儲けてもいけないわけですよ」

それは、そうだ。

「それに、当時は、興行と言うと、そっちの世界の人とかがからんできたりしましたからね。何かあったら大変ですから。そのために、僕は飛騨芸能企画という会社を作りましてね、そこが一切を引き受けることにしましてね……」

「え、じゃあ、茂利さんは……」

「いやいや、私はその世界の人ではありませんよ」

茂利は、思わず苦笑した。

「私はもともと神岡装飾社という会社を持っていて、いわゆるイベントの装置とか看板とかそういう仕事をしていたんですけどね。友だちが飛騨高山で興行社をやっていた関係もありましてね……。飛騨芸能企画という会社は、そこの下請けみたいな形にして、三井金属鉱業神岡鉱業所に関するイベントを一切、引き受けたんですね」

それにしても、当時、神岡町の古い旅館の息子だった茂利が、芸能界とどう関係したのだろうか。単なる友だち関係では、こうした世界の仕事はできない。気になった私は、茂利に「神岡マイン・ニュー・アンサンブル」とのきっかけを詳しく尋ねた。


茂利昌彦は、昭和八年十一月十六日、神岡町に生まれた。

地元の小学校を出ると旧制斐太(ひだ)中学に入学し、学制改革でいったん新制の斐太高校に移るが、卒業後、法政大学に進む。

斐太高校と言えば、卒業式に男子の学帽の白線と女子のセーラー服のネクタイを結んで前の川に流す「白線流し」が有名である。旧制斐太中学の卒業生には、「天声人語」を約十八年も書き続けた元朝日新聞論説委員の荒垣秀雄がいるが、この荒垣もまた、神岡町の生まれである。

昭和二十九年発行の『神岡町職業別明細図』（職業交通社）を見ると、印刷・書籍・文房具の欄に「西里通り　荒垣明治堂」とあるのが、荒垣の実家であろう。

余談だが、荒垣は晩年、「神岡の山河と人情」という文を残しているので、ほんの一部採録しておく。

飛騨でも私の生まれ在所、神岡は高山市や下呂温泉や合掌造りの白川郷ほど有名ではないが、私にとっては日本一のふるさとである。

人口二万ほどの小さな町だが、山河の自然は美しく、人情こまやかだ。（中略）

神岡は三井金属神岡鉱山のある町だが、鉱山町といった荒々しい気風は全くない。泥棒の話など聞いたことなく、夜も戸締りをしない家も多い。農家ではシンバリ棒を「留守のしるし」に戸の外に立てかけておくくらいだ。

さて、話を本筋に戻す。

新制高校を卒業し、法政大学に進んだ茂利は、東京・世田谷の千歳船橋に下宿する。この船橋という地域は、当時、農地がまだ点在する住宅地で、俳優森繁久彌が住んでいたことでも有名であり、かつての森繁邸があった前の通りは、いまでは森繁通りと呼ばれている。

茂利の下宿も森繁邸に近かったのだろう。森繁の子供と親しく、森繁久彌本人とも面識があり、何度も言葉を交わしたことがあるという。

飛騨から出てきた茂利は、東京で生活している間に、実は、学業以外に、さまざまな芸能体験を味わった。これが、のちの「神岡マイン・ニュー・アンサンブル」との縁を結ぶきっかけとなったわけである。

さまざまな芸能体験と言っても、茂利は別にミュージシャンだったわけではない。音楽活動と言えば、趣味でギターを弾く程度だったようだ。だが、茂利は大学の陸上部だったこともあって、大学時代、先輩や後輩などの友人も数多く、よく友人たちと東京、有楽町にあった日劇や浅草の国際劇場を見にいったという。

彼が大学生だった昭和二十年代後半から三十年代前半、東京は、ショービジネスが華やかだった時代でもあった。

日劇が閉鎖されることが決まって制作された『日劇』（昭和五十六年十二月五日発行　白帝社）という本によれば、昭和二十七年四月二十六日には、ジーン・クルーパ・トリオが出演しているし、九月十日から「巴里の唄」では越路吹雪、高英男が出演、同じく九月二十四日からは「エノケンのショウボート」が始まっている。

そのほか、季節ごとに「春の踊り」、「夏の踊り」、「秋の踊り」、「クリスマス・ショー」もあり、江利チエミ、ナンシー梅木、雪村いづみ、トニー谷、三木のり平らが踊ったり、歌ったり、芝居をしたりしている。もちろん、日劇ダンシングチームがステージを彩っている。

また一方、昭和二十八年の六月六日には、浅草の国際劇場で「さよならターキー」というタイトルで松竹歌劇団の水の江瀧子の最後の舞台が華々しく行われた。

水の江瀧子と言えば、「男装の麗人」と呼ばれた大スターで、退団後は、女性映画プロデューサーとして、日活スター石原裕次郎を発掘したことでも有名である。私の子供時代には、NHKの「ジェスチャー」という番組で活躍していた。

ターキーが退団しても、SKD（松竹歌劇団）の「東京踊り」は続けられ、「東京踊りは！　よーいやさー！」の掛け声でパッと灯りが入ると、日本の美しい光景をバックにたくさんの美女たちが踊り出す。そんな華やかさが当時のショーには溢れていた。草笛光子、淡路恵子などが当時のＳＫＤの若手であった。

淡路恵子は、当時の思い出をこう述べている。

「東京踊りは！　よーいやさー！」で、灯りが入って、いいところで前のセリが上がってきて、憧れの上級生たちが華やかに登場するの。

そうすると、私たちが座っている台が真ん中で二組に分かれて、両方の袖に引っ込むわけ。そう、それが初舞台。初舞台って言っても、舞台を踏んだわけじゃないわね。ただ、赤い毛氈の敷かれた台の上に座っていただけ。（『死ぬ前に言っとこ』廣済堂出版）

そんな時代に、茂利は学業の合間を縫って、もらった切符で日劇や国際劇場に通い、東京の大学生生活をエンジョイしていた。

あの時代は、また、その一方で映画の全盛期でもあった。

偶然のことだが、茂利が学生時代に下宿した家が、東宝の撮影所の近くにあったため、時間ができた時や、銭湯の帰りなどによく撮影所に遊びにいった。そのうちに、助監督と親しくなり、見学に行くと決まってエキストラとして映画に出演させられたそうだ。もちろん、それもいい小遣いになった。

そうしたなかで、茂利青年は、映画監督に興味を抱いた。

なぜなら、監督は、企画、脚本からはじまり、俳優たちはもちろん、カメラワーク、アングル、音響効果、装置、照明、衣裳、結髪、そして最後の編集まで、全部、自分の思うように動かして作品を完成させることができるからであった。

（そうか、映画は、監督のものなんだ！）

茂利は、そう思った。

当時、東宝の監督は多士済々であった。黒澤明、稲垣浩、成瀬巳喜男、豊田四郎、岡本喜八……。茂利は自分も、いつの日か、映画監督のような仕事をしてみたいと思って、故郷に戻ったのであった。

だが、故郷の飛騨には、刺激的なことは何もなかった。

家業の旅館は、鉱山関係の人たちでにぎわっていたし、近所の花街には芸者の三味線の音が響いていたが、あの日劇や国際劇場で嗅いだ「東京の匂い」はまるでなかった。荒垣秀雄が書いたように、神岡は「山河と人情の町」でしかなかったのである。

そんな折、茂利は、当時、神岡鉱業所総務部人事課に勤めていた小櫻喬と知り合った。

小櫻は、前章にも登場したが、「神岡マイン・ニュー・アンサンブル」のマネージャーであり、鉱山の楽団の紅一点、ピアニスト小櫻美恵子の夫であった。

「茂利さん、ちょっとうちのバンド、手伝ってくれない？」

「え、バンド？」

その時、茂利の脳裏に、日劇でよく演奏をしていた見砂直照と東京キューバン・ボーイズの姿が浮かんだ。東京キューバン・ボーイズと言えば、「ウー・マンボ！」と掛け声がかかるステージが有名であった。

「ああ、いいよ」

そんな軽い会話から、茂利はいつの間にか「神岡マイン・ニュー・アンサンブル」に関わるようになっていた。

茂利は、早速、演奏会を見に行った。

東京の日劇や国際劇場で、フルバンドの華やかな演奏を見慣れていた茂利には、せっかくのバンド演奏なのに、舞台装置や照明、さらには音響もまったくもってよくなかった。

(演奏は、アマチュアにしてはかなりうまい。だが、演出がまったくダメだ。これはもったいない)

茂利は、思った通りのことを、正直に小櫻に告げた。

「そうでしょう。僕もそう思ってね。だけど、どうしたらいいかわからない。予算は会社からなんとか取ってきますから、どうしたらもっとカッコよくなるか、いっしょに考えてくださいよ。いま神岡マイン・ニュー・アンサンブルに足りないのは、演出だと僕は前から思っていたんですよ」

茂利はまず、照明に凝った。頭の中には、いつも、華やかな日劇や国際劇場でのショーがあった。

しかし、茂利は照明の専門家ではない。それでも、いくつもの投光器を二階に用意し、「ゼラ」と呼ばれる原色のフィルターを当てたり、また、二つの投光器を重ねることによって、別の色を出したり、ステージの後方に動く円をいくつも作って、動かしたりしてみた。初歩的な照明、これだけでも、ステージはかなり華やかになった。

また、舞台照明にブラックライトをはじめて使ったのも、茂利であった。

ブラックライトとは、紫外線の光を出すライトのことで、青紫の光が白いワイシャツに当たると、シャツが紫色に光る。全員の上着を脱がせ、白いシャツで演奏させ、そこにこのライトを当てただけで、かなり幻想的な空間を演出できたようである。

「それがねえ、日劇のように、ステージにブラックライトを使おうと思っても、地元の電器屋さんはブラックライトなんてよう知らんのです」

では、茂利はどうやって手に入れたのだろうか。

「それがね、意外なところにあったんですよ。どこだと思います？ 農協です」

聞けば、青白く光るブラックライトは、農家で発芽用に使われていた。それで、どこで手に入れたか聞いて、さっそく手配したと言うのである。

茂利は小櫻と相談し、早速ブラックライトを手に入れ、練習で使ってみたら、今度はステージが青紫になるので、譜面が見えないという。そこで茂利は譜面台に豆電球をいくつもつけ、譜面が読めるように工夫したという。

演奏会当日は、一瞬にしてステージが青紫になり、譜面台だけが明るく、さらにメンバー全員の白いシャツが紫色に輝いたのだから、その瞬間、演奏ではなく、照明に対して一斉に会場から拍手が起こったそうだ。

いわば、鉱山の楽団に、東京の匂いを、香水のように振りかけ続けたのが茂利だったのかもしれない。

メンバー各自の前にボックス型の譜面台を用意したのも、茂利であった。さらに、ステージのバックの「神岡マイン・ニュー・アンサンブル」と書かれた大きな看板も自分の会社「神岡装飾社」に発注し、センスのいいものを作らせた。

また、林にステージでの動きを注文したのも、茂利であった。

それまで林は、中央でクラシックの指揮者のように聴衆に尻を向けて、タクトを振っていた。その林に、勇気を出して、動くように注文をつけたのである。

「いやあ、あの時はね、怖くてね。まさに、猫に鈴をつけにいくネズミのようだったですよ」と、茂利は笑った。

「林さん、舞台の上手のほうにいて、リズムに合わせて踊りながら、指揮をしつつ、次第に中央に行くって、どうですか。横顔を見せながら指揮をしたりすると、カッコいいと思うんですけどね」

「そうか、なるほど」

思ったより、あっさり林は了解してくれた。もちろん、指揮者の林の動きを照明が追っていったのは当然のことであった。

茂利が一番苦労したのは、楽譜集めだった。

定期演奏会の譜面は、林がすべて用意していた。だが、地域ののど自慢大会の伴奏を引き受けると、出演者が歌う曲の楽譜が必要だった。

のど自慢の場合には、出演者からは主催者にテープが送られてくる。それによって主催者は出場者を決めるのだが、その伴奏をする「神岡マイン・ニュー・アンサンブル」にとっては、楽譜がないことには何もできなかった。

そこで、のど自慢の出場者の歌う歌が決まると、茂利は富山や高山、名古屋のレコード店をあたり、そのレコードを、または楽器屋で譜面を買い求めた。その際、一番大事なのは、メロディー譜だった。歌の主旋律がわかれば、あとは林がレコードを聞き、各パート別に編曲した譜面をメンバーに渡せばよかった。だが、あまり知られていない歌の場合は、レコード店でもまして楽器店でも、その曲が見つからず、大変だったという。

ちなみに、プロ歌手が来た時は、彼らはすべてのパート譜を前もって送ってくるため、練習しておけばいいので安心だし、さらに有名な歌手の場合は、専属バンドがついてくるから、譜面に関しては、まったく問題はなかった。歌手のバックバンドがついてきた時は、茂利は積極的にメンバーたちとの交流を図った。東京の一流バンドのメンバーからいろいろなことを学べる絶好のチャンスだからであった。

また、音響は、先の大坪隆志が主に担当した。だが、彼はリズム感が抜群であったため、しばしばコンガを叩きにステージに上がっていった。そんな時は、小櫻に照明をまかせ、茂利がミキサーを担当したことも、何回もあった。

もちろん、茂利はメンバーたちの練習にも参加した。リーダーの林正輝から何か注文が出ればそれを聞かなければならないというのが表向きだったが、楽器を演奏しない彼の本来の使命は、メンバーたちの「心の安定」だった。

プロのバンドは、音楽で食べているのだから、音楽だけをやっていればいいのだが、「神岡マイン・ニュー・アンサンブル」はそうはいかなかった。仕事を持っている以上、仕事上の悩み、金銭的問題、健康管理、さらには老いた親や子育て、夫婦問題などの家庭の事情など、さまざまなものを抱えて演奏している。なかには、技術的なことでうまく演奏できないこともあっただろう。

林は技術面を、小櫻と茂利は、楽器を手にすることなく、楽団の練習に参加しながら、そうしたメンバーの心のメンテナンスも担当していたのである。

明らかに精神的に参っているメンバーがいれば、練習後、いっしょに酒に誘い、愚痴を聞いた。そして、やる気を出させるために、茂利は、演奏会当日、彼のソロが目立つよう、音響や照明で盛り上げてあげたのである。部外者の茂利がいるおかげで、かなりの数のメンバーの心が癒されたのである。

トンカン、トンカンと音がする。

十二月二十五日。銀嶺会館に続く廊下には、大工たちの手で即席の屋台が次々と建てられている。おでん屋、寿司屋、お好み焼き屋、焼鳥屋、そば屋、立ち飲み屋の赤提灯が並ぶ。

「いいねえ、新橋みたいだねえ」

「どっちかというと、新宿のしょんべん横丁じゃないか」

「東京を思い出すねえ……」

東京の本社から派遣されてきている上級社員たちも、この模擬店にはまだ開場前から大騒ぎだった。

一年前のクリスマスは、単に会場内の隅に飲み物コーナーがあるだけで、廊下を横丁にしようなどというアイデアはなかった。だが、茂利ら東京で過ごした体験の持ち主たちは「こうしたら、おもしろくなるんじゃないですか」と会社側の代表のひとりである小櫻喬に相談した。すると、すぐに採用になっただけでなく、「もっとこうしよう」という意見も会社側から多数出た。その多くが、東京から出向で来ている社員たちのアイデアだった。

茂利はそのたびに「それ、いただき！」と声を上げて、その準備に走った。

すでに銀嶺会館のステージの前の客席になるべき椅子は、すべて取り払われている。ここが、天空のダンスホールになるのだ。

「じゃあ、リハーサル、始めましょうか」

いつの間に現れたのか、林正輝の声がした。

茂利は、二階の照明室に入った。

リハーサルが始まっている。照明の準備も、音響も準備は万全だった。小櫻も大坪もすでに上気している。

「雪は止まないねえ。このまま吹雪かなあ」

茂利が窓の外を見ながらそう言ったが、誰も答えなかった。嵐の前の静けさだろうか、かなりの間、沈黙の時が流れていった。

「じゃあ、入口に行ってくるから、ここ、頼みますね」

小櫻が時計を見ながら、そう言うと、照明室を出て行った。いよいよ、クリスマスのダンスパーティーがはじまる時間になった。

リハーサルは、簡単に終わったらしい。緞帳が下りて、メンバーたちの姿は幕の向こうに隠れ、ステージは静かになった。

「はい、開場します！」

階下から、小櫻の大きな声が聞こえた。と、同時に、華やかなドレスの女性たちとスーツ姿の男性たちがホールに雪崩のように入り込んできた。あっと言う間に、模擬店も、押すな押すなの大盛況のようだった。

茂利が照明を入れると同時に、ミラーボールが回り始めた。赤、青、黄色、ショッキングピンク……色とりどりの光の模様が館内を走り回る。

と、その時、ダン、ダガダガダガ、ダン、ダガダガ、ダンダン、ダガダガ……と、「シー」のドラムの音が高々と聞こえてきた。同時に、緞帳が上がり、トランペットの音が銀嶺会館の天井を突き抜け、天空に響いた。
すると、この時を待っていた多くの男女が一斉にフロアに飛び出てきた。
ダダダダ、ダダダダダ、ダダダダダンダンダン　ダンダンダダダ……
「シー」のドラムの音が一段と大きく弾んだ。
白いスーツ姿のメンバーが一斉に立ち上がった。

Dashing through the snow, in a one horse open sleigh
O'er the fields we go,laughing all the way
Bells on bobtails ring, making spirits bright
What fun it to ride and sing a sleighing song tonight
Jingle bells　jingle bells
Jingle all the way……

茂利昌彦は、ホールの階上からさまざまな色の照明をグルグルと回しながら、まるで自分が映画監督にでもなったかのごとく、胸が高鳴っているのを感じていた。

第八章　哀しきサキソフォン

林正輝の墓は、神岡町小萱の小高い丘の上にあった。

高原のやや冷たい風が気持ちいい。

人の気配はない。十人も乗れば満員の地域の小さなコミュニティバスが、まるで小学生の絵のように、遠くの畑と畑の間をのんびりと進んでいく。何もない田園の昼下がりであった。

墓には、誰かが参ったのだろうか、白と黄色の仏花がすでに供えられ、墓石にかけられた水滴が光っていた。

墓前に手を合わせ終えると、私は秋空の下、墓からよく見える檜造りの大きな家に向かった。そこが、「神岡マイン・ニュー・アンサンブル」のバンドマスター林正輝のひとり息子、林正樹が住んでいる家であった。

「まあ、上がってください。かみさんが出かけてるもんで、何のおかまいもできませんが……」

元警察官の林正樹は、そう言って、快く私を迎えてくれた。

「神岡マイン・ニュー・アンサンブル」の伝説のバンドマスター林正輝のひとり息子、林正樹は、昭和二十二年七月三十一日、栃洞小中学校にほど近い三井金属鉱業神岡鉱業所の社宅で生まれた。

林正輝は昭和二年生まれだから、正樹は正輝が二十歳の時の子であった。

正樹の母は、えき。彼女は、正樹を産んでまもなく結核を患い、一年のうち半年ほどは入院していたため、正樹は、ほとんど祖父母、林滋成、キクに育てられた「おじいちゃん子」または「おばあちゃん子」であった。当時、結核はまだ国民病と呼ばれ、安静と隔離が常識であったから、正樹の母が家にいないのもやむを得ない。

実際、正樹がまだ幼児の頃、祖父がよく背中に正樹をおぶって歩いていた姿を、当時近所に住んでいた人たちが見ている。

父親の正輝もまた、自分が子供の頃、実の父親にかわいがってもらっていない淋しさをよく知っているためだろう、そばにいてあげることができない妻の分まで、わが子、正樹をかわいがった。いい意味で溺愛していたのかもしれなかった。また、息子の正樹自身も祖父母や父親からの十分な愛を受けとめ、順調に育った。正輝が亡くなるまで、正樹は、父親から一度も叱られたことはないと言う。

そのせいか、息子の正樹は「素直で、とてもかわいい子だった」と、小学校の同級生たちは口を揃えて言う。当時、見るからにいかにも鉱山の子という子供が多いなかで、正樹は品のいい、おしゃれなカッコをしたお坊っちゃんだったのかもしれない。

私は、正樹に「父親との思い出」を聞いた。

「僕はねえ、親父が大好きだったですねえ。いい年して、そんなことを言うのも恥ずかしいですけどね、ほんと、僕は親父に反発したことは一度もないで……」

よく、父親と息子は、息子が大きくなるにつれて、うまくいかなくなると言われているが、林家に関しては一切それがなかったようだ。それだけでも、いかに林正輝が家庭的だったかわかるようである。休みの日には、いつも正樹をどこかに連れて行った。事実、正月の初詣には、必ず正樹を連れて、参拝している。

「いいか、お参りし終わった人と階段ですれちがって話しかけられても、絶対に話をしたらいけないよ」

と父に言われたことを正樹はいまでも覚えていた。なぜ、話してはいけないのか、わからないが、話すと「願いが届かない」というその土地のいい伝えなのかもしれない。

初詣はひとつの神社だけではない。親子は地元の神社、仏閣、三、四ヵ所は回った。この習慣は、正樹が就職して帰省した時も、同じだった。普通、子供の頃はともかく、成人になっても父親といっしょに初詣とは、まさに、仲のよい父と子であったと断言できよう。

正樹が印象に残っている子供の頃の父との一番の思い出は、「お年玉」だそうだ。

正月になると、家に会社の人がたくさん遊びに来たという。今、思えば、「神岡マイン・ニュー・アンサンブル」のメンバーだったにちがいない。その彼らが、正樹にお年玉袋を次々とくれた。中を開けると、必ず五百円札だった。昭和三十年前後、ラーメン一杯が四十円、牛乳一本が十五円だったことを考えると、五百円は子供にとってはかなりの高額だった。小学生がそんな大金を次々ともらえたのだから、鉱山が好景気に沸いていたことを別にしても、子供心に忘れるわけがなかった。

「いやあ、鉱山の人たちって、いい給料もらっていたんだなと思いましたね。その金は使った覚えがないですからね、おふくろに取り上げられてしまったのかな」

と正樹は笑った。

バンドのメンバーがそれだけ集まったのだから、家で何か演奏するとか、音楽的なことを覚えていないかと尋ねたが、不思議なことに、林正輝は息子の前で楽器を吹いたこともなければ、レコードを聞かせたこともなかったという。まして、正樹に向かって音楽の話など一度もしたことはなかった。

林正輝は、どこで、いつ、音楽を学んだのかという私にとっての最大の疑問も、息子の正樹には答えられなかった。

「それが、ようわからんのです。親父からそんな話、一度も聞いたことないで」

正樹は、申し訳なさそうな顔で、そう言った。

ただ、アルトサックスだけは、間違いなく、家にあった。それに関してこんな話が残っている。

正樹が栃洞中学校に入学した頃、担任の教師田中豊彦が正樹に「君のお父さんは、立派な音楽家なんだから、君もブラスバンドに入りなさい」と言われ、しばらくアルトサックスの入ったケースを重たそうに手に持って通学した。まだ、背が小さかったため、ケースが膝にぶつかっていたという同級生の証言もあった。

しかし、おもしろくなかったのか、正樹はわずか二カ月でブラスバンドをやめている。

それでも、正樹の同級生たちは、よく正樹の家に集まった。父親の正輝が正樹の友だちを喜んで家に迎え、歓迎してくれたからであった。

正樹の同級生たちも、正樹に会うよりも、お父さんに会いたいと集まってきた。

「本当に、素敵だったんですよ。正樹のお父さんって」

子供の頃から正樹の同級生だった女性たちは、口々にそう言う。

正樹も、自分が父親に似て顔が端整で、性格がやさしかったら、きっとちがった人生を歩んだだろうと笑う。

それにしても、「神岡マイン・ニュー・アンサンブル」のバンドマスターであり、三井金属から表彰状までもらい、鉱山はもちろん、麓の町、神岡町でも知らない者がいないという林正輝が、家では一切、音楽に関する作業を見せないどころか、音楽の話もしなかったというのは意外であった。

子供の前で、得意のサックスの演奏を披露したこともなければ、楽譜を書いている姿さえ、正樹は一度も見なかったという。

「だって、もし、僕の前で演奏でもしたら、きっと親父は僕にサックスの吹き方を教えただろうと思うんですよ。僕は、一度も教わってないですからね」

正樹がそう言うのだから、家では一切、音楽活動をしていないことは間違いなさそうだ。

ただ、正樹がまったく音楽と無縁で育ったわけがない。東京の大学時代に、友だちとバンドを組んで、かなりアルバイトに精を出したというから、父の音楽的な才能は、確実に息子につながっていたことになる。

さらに、正樹は、公式な記録には残っていないものの、父の指揮する「神岡マイン・ニュー・アンサンブル」に参加したこともあった。それは、正樹が大学生の頃、帰省した際、たまたま「神岡マイン・ニュー・アンサンブル」が近くの新平湯温泉で演奏をした時に、メンバーのユニフォームを借り、ドラマーとして参加したという思い出であった。

息子がドラムを叩いているのを、目を細めて指揮していた正輝の姿が目に浮かぶというものである。

正樹は東京の大学を出ると、当時、銀座にあった桜井機械販売株式会社という、大型印刷機の販売会社に営業マンとして採用された。

この会社はシルク印刷など、当時としては、かなり高度な最先端の印刷技術を有する高額な機械の販売を業務としていた。正樹も先輩について、毎晩遅くまで営業や接待を続けていたが、激務による過労から腎臓を悪くし、やむを得ず退社。半年ほど、静養することになってしまった。社会人として意気揚々とスタートしたにもかかわらず、すぐに挫折を味わったのである。

やがて、体力も回復した頃、父林正輝から、鉱山ではなく、意外にも警察学校に行くように勧められた。どうやら、「神岡マイン・ニュー・アンサンブル」の関係者に警察官がいて、そのメンバーからの推薦だったという。もちろん、林正輝が相談したのだろう。

おとなしい「お坊っちゃん」だった正樹が、警察官など務まったのだろうかと気になったが、杞憂に終わった。むしろ、正樹には、客に頭を下げ、銀座のクラブで接待を繰り返す営業より、自分の力が発揮しやすい警察官のほうが向いていたのかもしれない。

岐阜県警に正式に採用された正樹は、警察学校を卒業後、高山署に配属された。そして、一年半の交番勤務を経て、当時としては異例の早さで、刑事課に配属された。

刑事とは言っても、最初は見習いで、朝七時半に出勤、部屋の整理整頓、便所掃除、先輩刑事へのお茶出しなどし、主に盗犯、強行犯担当の一係として勤務した。

そんな正樹が本格的な通称マル暴、いわゆる暴力団関係担当の刑事になったのは、岐阜北署に勤務してからのことであった。

「温厚な美男の紳士」林正輝のひとり息子が、マル暴の刑事だったことを知っている人は少ないだろう。

そんな正樹も結婚することになった。相手は、故郷の栃洞小中学校の下級生、渡辺静代であった。知り合ったきっかけは、正樹の大学時代。夏休みに帰省した際、たまたま栃洞に向かうバスのなかで正樹が静代に声をかけたのがはじまりだった。当時、静代は東京の資生堂化粧品店に勤めていたが、やはり夏休みで実家に戻る途中だった。

静代にとっては、正樹が兄の同級生だったことから、心を許したのだろう。ふたりとも東京にいることから、急速に親しくなり、本格的な交際がはじまったのである。

この正樹の結婚を一番喜んだのは、父、正輝であった。

これまでも、息子のためにどんな援助も惜しまなかった林正輝であったが、この結婚はよほどうれしかったにちがいない。とにかく正輝は、息子の結婚のためには、できることは何でもした。挙句に、人に任せることなく、式次第から披露宴まで、すべて自分が仕切ったのである。

式は、鉱山四柱神社で行なった。式が無事に終わると、新郎新婦は披露宴の会場まで、多くの人の祝福を受けながら歩いた。結婚披露宴の招待客は九十人。場所は、銀嶺会館。新郎新婦の故郷にある栃洞という山の上で、普段は鉱山に働く人たちのために、ショーや映画を見せる会館であった。ここは、三井金属の福利厚生施設である。どうして、そんな場所を個人的に借りることができたのだろうか。

しかも、ただ借り切ったわけではない。林正輝は、会館内の七百人は入れる客席の椅子をすべて取り払い、そこに畳を敷き、九十畳の日本間の大広間にしてしまった。

そして、ひな壇には、新郎新婦。その反対側にもひな壇を作り、そこに三十名の「神岡マイン・ニュー・アンサンブル」のメンバーが白いタキシードに、楽器を持って並んでいた。もちろん、結婚行進曲からすべて、彼らの生演奏つきであった。新婦のお色直しのたびの演奏、そして、余興の伴奏から、ショータイムの演奏まで、「神岡マイン・ニュー・アンサンブル」は、バンドマスターの息子夫婦の前途を、見事な演奏によって祝ったのである。

何より、息子の正樹が父親の愛情を強く感じたのは、その日の祝宴に供された生の鯛であった。栃洞は、山の上である。したがって、普段でも、刺身などの生の魚がなかなか手に入らなかった時代である。百二十匹にも及ぶ、生の鯛をいったいどうやって手に入れたのだろうか、と参加者の誰もが思い、ふと尋ねると、正輝はにっこり笑って「正樹のためです」とだけ答えたという。宴は、いつ果てることなく、深夜まで続いた。

やがて、正樹は、刑事になった。それも、岐阜県警捜査二係。泣く子も黙る「マル暴」、暴力団担当のデカである。

父親の正輝も、これにはさぞ驚いたことだろう。「やさ男」で、スマートでおしゃれなバンドマスターを自負している自分のひとり息子が、まさか「マル暴」とは。

「ヤクザが守るのは、杯を交わした親分。マル暴は警察権力と杯を交わした公務員」と言われるほど、町を歩いていたらどちらがどちらかわからないのが、マル暴の刑事であった。そんな仕事は、あのお坊っちゃんだった正樹には務まらないのではないか。

しかし、息子の正樹のほうは、肚が据わっていた。一度、死ぬか生きるかの大病を患った彼にとっては、命に関わる危険もそれほど怖くなかった。

「気の小さい人間は、いざという時に肝っ玉が据わるもんですよ。それが仕事ですからね。あとで考えると、ウワーッと身震いしますけどね」

そう言って笑うが、明らかに目つきは、少年時代を知る者にとっては異様に鋭かった。

案の定、正樹のまわりで、事件は次から次へと起こっていた。

当時、山口組をはじめとする関西系の暴力団が日本統一を目指して、東京に向かってその勢力を伸ばし、各地で激しい抗争が行われていた。正樹の所属する岐阜県岐阜中警察署は、まさに「関ヶ原」で、暴力団抗争は激しさを増し、つねに一触即発の状況であった。

正樹たちは、岐阜市の繁華街、柳ケ瀬を警戒していたが、やはり事件は起こった。

ある日、正樹は呼び出しを受け、現場に向かった。拳銃は所持していなかった。

正樹がその場で目にしたのは、映画などでは伝えきれない、緊迫した銃撃戦であった。無線のレシーバーがひっきりなしに指示を与えていた。

「銃撃、用意！」

「バーン！」

隣の刑事が何発も撃ったが、すべて車に当たった。

「ちょっと俺に貸せ」

正樹が狙いを定めて構えた時、後ろから射撃音が響くと、正樹の身体すれすれに実弾が飛んでいった。

「ばかやろう！　気をつけろ！」

「すみません」

仲間から撃たれることも銃撃戦では珍しいことではなかった。敵の向こう側に回りこんだ部隊からの流れ弾が当たることもあった。

やがて抗争は収まったが、岐阜市の繁華街では、より警戒が強まっていった。だが、正樹のなかでは、いつ、再び、抗争が起こるかわからない緊張が続いていた。


伝説のバンドマスター林正輝の息子の正樹が岐阜県警の刑事として活躍していた昭和五十三年二月、それまで順調に活動していた「神岡マイン・ニュー・アンサンブル」に衝撃が走った。

仲間が一気に消えた。誰もが、そう思った。

亜鉛の価格の国際的急落、円高による経営悪化乗り切りの緊急措置として、三井金属鉱業神岡鉱業所で未曾有の合理化がはじまり、従業員約五百人が一気に鉱山(やま)を降りたのである。そして、そのなかに、「神岡マイン・ニュー・アンサンブル」のメンバーが八人もいたのであった。リストラである。

もちろん、この事態は予想されていた。

この不況の風は、昭和三十年代後半から、実は吹き始めていたのである。

それは、わが国の経済復興の歴史とともにあった。

わが国の経済は、昭和二十五年六月に勃発した朝鮮戦争で、特需が発生したことにより、輸出が急増し、特に、鉱工業はにわかに発展した。鉱山を持つ各企業は新資源の探査及び開発、機械設備の近代化を積極的に進めた。そこへ、神武景気、岩戸景気である。この時代、日本経済史上、鉱業は極めて高い成長率を示した。

ところが、禍福はあざなえる縄の如し。こうした戦後のすさまじい復興を果たした日本経済を、そうはさせじと、「貿易の自由化」という障害が待ち受けていたのである。

それもまた、日本経済にとって、必要悪であった。なぜなら、わが国もまた、国際経済社会の一員としての地位を固め、さらなる経済発展を図るためには貿易の振興が不可欠だったからである。

こうして昭和三十七年頃から具体的に推進されてきた鉱産物の自由化対策は、昭和三十八年七月の「金属鉱業等安定臨時措置法」の施行を以て、銅、鉛、亜鉛等の主要金属が次々と自由化されてしまったのである。

この非鉄金属の自由化は、企業にとって、その存立にかかわる重大事であった。致命的だったと言っていいかもしれない。

なぜなら、日本の鉱山は規模が小さく、鉱石を掘り出すのに地下深く坑道を掘削しなければならないのと比較して、諸外国の大規模な鉱山では日本よりずっと安いコストで採掘ができるからだ。日本の農業と同じように、明らかにコスト面で世界の鉱山とは太刀打ちできなくなったのであった。農業は、まだよかった。国が保護してくれた。だが、鉱業は、存立の危機にさらされたまま、放置された。

これによって、昭和四十年には日本にあった約四百の鉱山が、昭和五十二年には四分の一の約百鉱山に激減をしたのであった。

それでも、次々と他の鉱山が閉山されるなか、海外における鉱山開発などで、三井金属はその威厳を保ってきたのだが、昭和四十八年のオイルショックが致命的であった。第四次中東戦争による原油価格の高騰により、世界経済はあっという間に停滞し、非鉄金属の価格は暴落、さらには円高が加わり、景気の後退、需要の低迷と四重苦で、ついに、三井金属の屋台骨まで揺らぎはじめたのであった。

その証拠に、三井金属では昭和四十八年に初の合理化が行われ、昭和五十一年には三井金属鉱業神岡鉱業所栃洞坑に在籍していた五百八十人の従業員が、昭和五十三年には、半分以下の二百六十五人になったのである。

　当時の三井金属鉱業株式会社代表取締役社長、尾本信平は、昭和五十三年四月に開催された第八十四回国会の商工委員会ｴﾈﾙｷﾞｰ・鉱物資源問題小委員会で参考人として呼ばれ、委員長の山崎拓に必死でこう訴えている。

「神岡の例をそこに挙げてありますが、町の人口は一万八千人、そのうち五千人が鉱山の従業員とその家族であります。町税の収入は八億四千万円、鉱山関係の諸税が三億七千万、休山の場合は町ぐるみで救済をしなければならないというような状態であろうと私は思うのであります。」（昭和五十三年四月二十日）

　その結果、政府は特定不況地域離職者臨時措置法と特定不況業種離職者臨時措置法というふたつの法律を可決。企業は、それぞれの労働組合と話し合い、解雇される労働者に新しい仕事を見つけるための対策をたてることを義務付けたのであった。

　もちろん、神岡が特定不況地域に指定されたのは、言うまでもない。

　しかし、それだけでは問題解決にはならなかった。建値の暴落、円高、景気低迷は続き、神岡鉱業所では、昭和五十六年には再度の人員整理が行われ、通洞、泉平、柏豆の歴史ある社宅は整理され、前平、南平に吸収された。

　従業員の子弟が残らず通った歴史ある栃洞中学校はそれより四年前の昭和五十二年に閉校、一時は併設の中学校と合わせれば、千人を超す子供たちの歓声でにぎわった栃洞小学校もそれから六年後に閉校になることが決まったのであった。

昭和五十八年三月二十七日、名残り雪がまだあちらこちらに見える肌寒い日、神岡町教育委員会主催の栃洞小学校の閉校記念の会が盛大に行われた。

「神岡マイン・ニュー・アンサンブル」の演奏する応援歌にのって、来賓、栃洞在住の卒業生たち、PTA会員等合計百八十名が入場し、会場は華やいだ雰囲気に包まれた。

元「神岡マイン・ニュー・アンサンブル」の名ドラマーだった山口欣也は、この日はこの会の実行委員長であった。「神岡マイン・ニュー・アンサンブル」関係では、マネージャーの小櫻喬が総務部で、サックスの大下登とトランペットの黒川修三が学校史の編纂で、この栃洞小学校閉校記念事業に積極的に参加していた。

林正輝は、この学校の卒業生ではないが、バンドの先頭に立って、軽快な演奏で会を盛り上げた。会が最高潮に達したのは、「神岡マイン・ニュー・アンサンブル」による栃洞小中学校の校歌の前奏が流れはじめた時であった。

突然、壇上に大きな校旗が持ち込まれ、力強く振られると、会場は大声で校歌を歌う幾重にも肩を組んだ人たちで右に左に揺れた。

飛騨山脈(やまなみ)の奥深く
　あらがねくだくとどろきの
こだま絶(た)えせぬ神岡に
　そびゆるいらかわが母校

雲をつらぬく乗鞍の
　嶺を理想と仰ぎみて
瀬音も清く澄む水に
　こころをみがく高原川

ああ　幾千のはらからが
　この学舎（まなびや）に集（つど）いきて
強く明るく生いたちし
　心を承けて励まなん　（栃洞小中学校校歌　宮原健治作詞　河野信一作曲）

それから二年後の昭和六十年十一月三十日、土曜日。

「神岡マイン・ニュー・アンサンブル」結成四十周年記念コンサートが、神岡会館で行われた。

ここに、その時のパンフレットが残っている。表紙を入れて十二ページ、大きさは従来のＡ４よりはるかに小ぶりのＢ５である。

中を開けると、「四十周年によせて」というタイトルで、五人の祝辞が掲載されている。三井金属神岡鉱業所所長・南光宣和、神岡商工会議所会頭・梶山良平、神岡鉱業所栃洞坑坑長・斎藤修二、神岡労組執行委員長・古嶋憲市、音楽部顧問・井沢一郎の五人であるが、私はあえてここで、最後の井沢一郎の祝辞を紹介する。

井沢は、東大水泳部出身の本社採用のエリートでありながら、赴任以来、林正輝を支えてきた社員で、会社側の十三代目の音楽部長であり、全盛期に「神岡マイン・ニュー・アンサンブル」演奏の際の司会を自らかってでたほどの理解者であった。

彼は、この危機的な状況の中で、何を書いたか。無念にも似た井沢の万感の思いが、文章を写している私にも伝わってくる。

「マイン・ニュー・アンサンブル」という言葉を聞くと、もうそれだけで甘美なものが私の胸をよぎります。

林さんと私、それに誰れかれ2〜3人、じっと我慢して待っていて10人位になると、音合わせ、練習開始。毎日毎日そのくり返しの中から段々人の集まりがよくなり、きれいな音楽が出来上がっていく。よく遊びよく飲んで、ずいぶんいろんな所に演奏旅行をしました。当時私も決して若い方ではありませんでしたが、おくればせながらの青春。何か夢中で打ちこみたくなるような魅力が音楽部にありました。その延長としての40周年、心からお目出度う、また御苦労さまでしたと申し上げます。現役で頑張っている部員諸兄も、退部して遠く離れているみなさんも私と同じような感慨をお持ちと思います。

栃洞の鉱山の灯とともに、いつまでも「マイン・ニュー・アンサンブル」の美しいハーモニーが人々の心に灯をともしつづけていくことを心から願っています。

音楽部顧問　井沢一郎

これを私は、三井金属のエリート社員井沢から、神岡鉱業所栃洞坑従業員の林への「別れの手紙」

だと思った。「御苦労さまでした」という部分に、それが強く感じられた。

事実、翌昭和六十一年には四回目の大合理化が行われ、神岡鉱山全体で、最大四千六百人いた従業員が七百人台まで減り、社名の三井金属鉱業神岡鉱業所から「三井」の二文字が消え、神岡鉱業株式会社に生まれ変わるのだが、この時、メンバーの誰もがそのことを知る由もなかった。ただ、本社から来ていた井沢は、当然、そのことを知っていたと思われるからである。

ちなみに、その次のページには、演奏曲目が書かれていた。

プログラム

Ⅰ部

浪花節だよ人生は

リンゴの唄

雨に咲く花～君といつまでも

ロマンティックが止まらない

夏ざかりほの字組

つぐない

桃色吐息

翼の折れたエンジェル

Ⅱ部（神岡鉄道イメージソング発表）

マイ・レール
奥飛騨号の灯はあかく
手作りの汽車にゆられて

Ⅲ部
セレソ・ローサ
イン・ザ・ムード
真珠の首飾り
お江戸日本橋
想い出のサンフランシスコ
愛さずにはいられない
闘牛士のマンボ
マイ・ウエイ

神岡鉄道とは、それまでの国鉄が廃止になったのを機に、三井金属が出資した第三セクターで、昭和五十九年から平成十八年まで鉱山から硫酸を輸送する貨物のほか、富山県への通勤や通学の足となった線である。いまは、そのレールの上をマウンテンバイクで走る「ガッタンゴー」が観光客を集めている。

この時、「神岡マイン・ニュー・アンサンブル」の記念演奏は、それなりに無難に終わったが、やはり、そのステージには昔の華やかさはなかった。

鉱山不況で多くの仲間が退部し、文字通り「音なし」になった哀しさがあちこちに滲み出ていた。毎年名古屋に行き、十数年にわたって産業音楽祭中部大会で優秀賞を受賞していたかつての熱気と輝きも、すでになかったのである。

ステージで唯一、万雷の拍手が起こったのは、バンドマスターの正輝が正樹の娘である孫娘から、花束の贈呈を受けたときだったかもしれない。

林正輝は、その時、すでに五十八歳になっていた。

思えば、この四十年間、この「神岡マイン・ニュー・アンサンブル」にずっと在籍していたのは、林正輝ただ一人だった。十五年前の絶頂期に行われた二十五周年記念の時にいたメンバーで、この時でも残っていたのは、トランペットの黒川修三、トロンボーンの山本稔、サックスの横山勇、谷口精市、大下登、ドラムの水本重夫、パーカッションの大坪隆志、山本外也ぐらいのものであった。

人数も林を入れて、二十五周年当時、演奏者だけで二十五名はいたが、このコンサートでは十七名。しかも、そのうちの数人は、林が知人を介して富山のバンドから借りてきたメンバーであり、実質、鉱山の従業員は、十人いたかいないかだったと言っていいだろう。

なぜ、これほどメンバーが極端に不足したのか。その理由は、実に簡単だった。鉱山の楽団のメンバーの多くが、鉱山の坑内の最前線で泥まみれになって働いてきた鉱夫だったからである。

自動車産業の不況も、家電産業の景気後退も、企業がまず工場労働者の人数から削減するのと同じように、鉱山不況のリストラは、坑内に働く労働者を切ることからはじまるからだ。

「神岡マイン・ニュー・アンサンブル」のメンバーが、もし、東大や京大出身の社員たちだけで構成されていたら、あるいはこの楽団が東京本社の所属であったら、きっともう少し長く続けることができたかもしれない。


（もう、終わりだな……）

コンサートが終わったあと、バンドマスター林正輝は、楽屋でひとり、そう思った。

なんだか、ステージの演奏に昔のノリがまったく感じられなかった。演奏だけではない。観客にも元気がなかった。


（俺のせいだ……）

林の脳裏に、かつて「不況知らずの町」と言われ、好景気に沸き、笑顔が鉱山中に溢れていた栃洞の様子が浮かんでは消えた。お祭りがあった。鉱山で働く従業員とその家族が集まる大運動会があった。毎月映画やショーがあった。そして、クリスマスにはダンスパーティー……。そんななかで、「神岡マイン・ニュー・アンサンブル」は、みんなに希望を与えた。


中部地区代表として、東京にも行った。大阪にも行った。NHKのスタジオで演奏もしたし、レコードも出た。基金募集のチャリティがあれば、必ず地域のためにコンサートをしたし、会社の記念行事があるたびに、演奏をした。楽しかった。鳴り止まぬ拍手がうれしかった。そして、その活動が認められ、とうとう、東京本社から社長賞までもらった。

だが、もはや、林にとっては、それは思い出の断片でしかなかった。丸められ、千切られた新聞紙の紙片と同じだった。

そして、そうしたバンド活動が社内で自由にできなくなれば、自分自身の居場所のないことを林には何よりよくわかっていた。

これまで四十年近くの長きにわたって、林正輝個人に対して、栃洞からの人事異動が一切なかったのは、「神岡マイン・ニュー・アンサンブル」があったからこそであった。もちろん、日常の仕事に関係する資格もとり、会社の業務はきちんとこなしてきたが、つねに栃洞という鉱山で働けたのは、自分に会社の文化活動のリーダーとしての役割があったからであろう。

会社の経営が苦しくなれば、従業員の福利厚生どころではない。それを知っている林正輝は、定年を待つことなく、長年勤続してきた三井金属鉱業神岡鉱業所を、誰に言われるまでもなく、潔く退職したのであった。

そして、退職金で、栃洞坑が目の前に見える、神岡町の小高い丘に家を建てた。そこが、私が息子の正樹を訪ねた家だった。


岐阜県警に勤めている息子の正樹に、父親の林正輝から妙に明るい声で連絡があったのは、それからしばらくしてからのことであった。

「今日、岐阜に行くけれど、夜、柳ケ瀬で会わないか」

驚いたのは、正樹であった。これまで、一度もそんな電話がかかってきたことなどなかったからである。

「ああ、今日は夜、非番だで、いいよ」

「そうか、じゃあ、そっちに着いたら連絡する」

なんだか、父がとてもうれしそうだったと、正樹は言う。

「ええ、それまで親父といっしょに飲んだなんてことはなかったですからね。もっとも、父は家でも、家族の前では酒を飲みませんでしたから」

「それで、お会いになったんですね」

「ええ、会ったら、聞くんですよ。『お前、行きつけの店はあるか』って」

もちろん、岐阜県警の「マル暴」の刑事に「行きつけの店」がないわけがなかった。

「親父、ヤマ、やめたんだってなあ」

「ああ」

「で、どうするんだ」

「いや、仕事はあるんだ。まあ、しばらくはのんびりするさ。で、お前はどうなんだ」

もともと、仲のよかった父と子であった。

結局、正樹の行きつけのクラブやバーを三軒まわった。久しぶりの会話も弾み、楽しく酒を酌み交わした。父は一軒ずつ「息子をよろしくお願いします」と頭を下げ、ボトルを入れてまわった。

その時の「大切な思い出」が正樹の心の中に残された。それは、店のカラオケで歌った「歌」だった。

父親の正輝は、最初の店でママに誘われるままに、マイクを握り、一曲歌った。最初は「あら、お父さま、お上手なこと」などと言っていたママやホステスたちが、正輝が三番を歌い終えた頃には、何も言えなくなった。あまりにも、美声で、歌唱力があったからである。明らかに、それは、プロの歌い方であった。

居づらくなったふたりは、笑いながら、二軒目に入った。

「俺の親父や……」などと紹介をし楽しく飲んだが、ここもまた同じだった。そして三軒目……。

ここまで一度も書かなかったが、「神岡マイン・ニュー・アンサンブル」のリーダー、林正輝は、実は大変な美声の持ち主でもあった。

その証拠に、「晩年のバンドマスター」について知っている人を探したところ、元「神岡マイン・ニュー・アンサンブル」のメンバーだった古田隆昭から、こんな証言があった。

それによると、「神岡マイン・ニュー・アンサンブル」をやめたあと、町のイベントがあると、林正輝はステージでカラオケの伴奏で、歌手として、歌を披露していたという。その司会は、いつも古田だったから、確かである。かつての伝説のバンドマスターは、三井金属鉱業を退職しても、その音楽活動は終わっていなかったのである。

話を親子の柳ケ瀬に戻す。

三軒目でも、結果は同じで、そのあと、どの店でも、次の客がカラオケを歌わなくなったという。

「お父さんが歌った曲名、覚えていますか」

私は、正樹にあえて尋ねてみた。

すぐに、答えは出た。正樹はいまでも、その時父親が歌った歌を覚えていた。石川さゆりの「天城越え」、五木ひろしの「長良川艶歌」、そして、しいの実の「高山の夜」であった。

しいの実は、本名、椎野壽脩。大分県出身の演歌歌手で、作曲家船村徹に師事し、岐阜市で長く活動を続ける男性演歌歌手である。また「高山の夜」は、この曲を作曲した安江登志美のアコーディオンで椎野が高山の町を流し、昭和四十四年にようやくビクターから発売になった曲であった。

息子はどうしたのか。もちろん、「マル暴」の刑事、正樹も歌った。それなりに、金は注ぎ込んでいた。彼が歌ったのは、河島英五の「酒と泪と男と女」とクール・ファイブの「そして神戸」であった。

三軒目の店を出た時、林正輝はふと立ち止まり、息子の正樹の肩にそっと手を置き、こう言った。

「お前、歌、上手になったなあ……」

これまで、父親に音楽に関して、一度も褒められたことのなかった正樹は、思わず胸が一杯になった。そして、伝説のバンドマスターは、ポンポンと息子の肩をゆっくり軽く叩いて、深夜のネオン街を先に歩き出した。

それが、正樹に残された「大切な思い出」であった。


平成七年に正樹の母、えきが亡くなり、父親の正輝は、神岡の家で、ひとりで暮らしていた。正樹は、母がいる時から、毎年、盆、暮れには里帰りをしていたが、平成九年の春、突然、正輝が「足がしびれる」と言い出した。

心配になった正樹は、父に病院に行くように言った。だが、正輝は行かなかった。だが病状は少しもよくならない。しばらくして、しかたなく、正輝は病院に行った。

すると、驚いたことに、即入院になった。精密検査の結果、末期の肺がんで、すでに、脳にまでがんが転移しているという。余命は、なんと三ヵ月であった。

足のしびれは、脳から来ていた。しかも、入院中に、あの聡明な林正輝が、とうとう記憶までおかしくなった。息子の正樹にもおかしなことを言い出した。医師に相談すると、名古屋の大学病院で脳の手術だけは何とか出来るという。正樹は、すぐに転院させ、脳の手術をさせた。

その結果、不幸中の幸いで、父の記憶は、正常に戻り、無事に退院にいたった。そして、余命も六ヵ月と延びた。ようやく、父と子に、笑顔が戻った。だからと言って、正樹は、ひとり暮らしの父を、神岡には戻すわけにはいかなかった。そこで、岐阜市内の正樹の自宅で父の面倒をみることになった。正輝は、息子の家族といっしょに暮らしはじめた。

だが、しばらくすると、父正輝が「神岡に帰りたい」と言い出した。

「帰ったって、誰もいないんだよ。ひとりで生活なんかできないじゃないか」

正樹がいくら言っても、聞かなかった。やはり、父親として、息子の生活をこわしてしまっていることを察知したのかもしれない。それとも、死期が近づいたことを知り、自分の生まれ故郷に帰りたかったのだろうか。

正樹は、説得したが、一度言い出したら、聞く耳を持たなかった。

その時、正樹の妻静代が言った。

「あなたが我慢してくれるなら、私が神岡でお義父さんの世話をするわ」と。

こうして、静代が神岡の正輝の家に住むという変則的な形で、正輝は自分の家に戻っていった。正樹は、休みが取れると車で神岡に見舞いにやってきては、夜、帰っていった。

余命が延びたといえども、正輝の病状は、時間の問題だった。父の身体はやせ衰え、食事も次第に摂らなくなった。かつて、女性の心を熱く焦がした端整な顔も、がんとの闘いにやつれ果て、皺だらけになった。

「親父、大丈夫か。食べたいものはないか」

正樹がそう言うと、正輝は目を細めながら、折れそうになった首を横に振った。

神岡に木枯らしが吹き、正輝の故郷に、あの寒い冬がやってきた。今年もテレビの天気予報で、初雪の便りを聞く季節が訪れた時、正輝はすでに病院のベッドにいた。かなり息も荒く、つらそうだった。


たまたま見舞いに戻ってきていた正樹が、翌日の捜査のため、夕方、岐阜に車で戻ろうとすると、静代が言った。

「今日のお義父さん、様子がおかしいわ。何かあるといけないから、今夜はここにいて」

正樹は父の病状に特に重篤さは感じなかったが、ふだんから介護をしている妻の申し出に、正樹は素直にしたがい、警察に電話を入れ、ひと晩、父のベッド脇で様子をみることにした。

静代の予感は、的中した。


平成九年十二月七日、午後八時。「神岡マイン・ニュー・アンサンブル」の伝説の指揮者、林正輝は静かに息を引き取った。享年七十歳であった。

楽音正道居士。葬儀は、神岡の円城寺で執り行われ、地元を代表する名士らしく、参列者は、なんと七百十六名に上った。

葬儀が無事、終わった時、正樹は、父正輝の一枚の名刺を見つけた。三井金属鉱業神岡鉱業所を退職後に、父が使っていた名刺だった。表には、大きな字で、こうあった。

MINE KAMIOKA 常任指揮者

林 正輝

総理府 公安文化協会委嘱委員

地域文化教育委員

岐阜県 芸術文化顕彰受賞者会員

シルバー名鑑登録会員

そして、裏には、小さくこうあった。

神岡建設業協会事務局長

坂本土木 営業

この名刺は、単に定年後の林正輝の情報を知らせただけではない。ここに、彼の当時の気持ちが、痛いほど込められていた。

まず、大きな文字で、自分は長年勤めた三井金属鉱業神岡鉱業所こそ退職したが、「神岡マイン・ニュー・アンサンブル」の永遠のバンドマスターなのだ、と言っている。そして、その下に書かれた総理府うんぬんは、自分は、小さい頃から一生懸命がんばって、やっと地域の名士になることができたのだ――という報告である。

林正輝は、死ぬまで音楽を捨てていなかった。

思い起こせば、家庭的に恵まれなかった少年時代、病気で夢を絶たれた青年時代、そんな絶望から立ち上がるきっかけを作ってくれたのが、音楽だった。小学校の先生にはなれなかったけれど、音楽を通して、僻地に住む人たちに文化を届けることができた。

会社も、応援してくれた。だから、一生懸命やった。夢中で「神岡マイン・ニュー・アンサンブル」を続けてきた。

実の父親を知らないひとりの田舎の少年が、音楽を通して、最後にたどりついたのが、地方の名士であった。そして、ようやく、自分は、多くの人に認められた……。

「ねえ、僕は、よくがんばったでしょう。そのことを皆さん、ぜひ知ってほしいのです」

わずか一枚だけ息子の正樹に渡った名刺には、そんな願いが表側に込められ、裏に実際の仕事が小さく書かれていた。普通は、いまの仕事が表だろう。

残された一枚の名刺に、林正輝という男の人生が間違いなく集約されていた。


伝説のバンドマスター、林正輝が亡くなって数年後、裏方を一手に引き受けた茂利昌彦の声かけで、飛騨古川のホテル「スペランツァ」に、昔のメンバーが集まった。しかし、すでに多くのメンバーたちの消息はわからず、ほんの数人の淋しい同窓会になった。

「じゃあ、みんな、元気でな。また、再出発することがあるかもしれないから、楽器をそれまで預かっておいてくれ。いつでも、音が出るようにしておけよ」

茂利は、会食後、そう言って別れ、自分が預かっていたミキサーと舞台で使った照明器具を飛騨神岡高校に寄付した。だが、その後、楽器がどうなったのか、誰も知らない。もちろん、当時使われていた譜面もない。

日本の戦後の経済復興の先頭を切って沸いた鉱山ブームのなか、三井金属鉱業神岡鉱業所に坑内従業員たちによる「神岡マイン・ニュー・アンサンブル」というビッグバンドがあったことも、林正輝という天才指揮者がいたことも、いつの日か、世の中から忘れられていくのだろう。

いや、夜間に光る社宅の窓の灯りが「天の川」と呼ばれた鉱山の町栃洞が見事に消えてなくなったように、時代は、すべてを何もなかったかのごとく、風化させていってしまうのかもしれない。

父と同様に、定年前に警察官を退官した林正樹は、岐阜から、生まれ故郷の神岡に戻ってきて、父が建てた家にそのまま妻と住んだ。そして、家の近くに、祖父母の林滋成、キク、父正輝、母えきの墓を建てた。

「親父、これでええんやろ。俺が一生、そばにおるからな」

そう言うと、正樹は、墓の前で、父親の遺品のアルトサックスを吹いた。

たどたどしいその音色は、折からの夕映えのなか、秋風に乗って、遠く北アルプス穂高連峰に向かって流れて行った。

終章　光と影

「あっ、いけない。寝過ごした」

枕もとの時計を見て、私は飛び起きた。窓の外は、すでに、かなり明るい。

前夜、北陸新幹線開通で賑わう富山の駅前で、久しぶりに会った知人と地酒を酌み交わし、彼と別れ、ひとりで深夜、ホテルに戻ったのまでは覚えている。

だが、いつシャワーを浴びたのか、覚えていない。ただ、脱ぎっぱなしの上着とスラックス、それにワイシャツがシングルルームの椅子に無造作にかかり、靴下が片方ずつ放置されているのを見れば、酔った私は戻ってから、どうやらシャワーだけ浴び、すぐにベッドに倒れこんだらしい。洗った頭髪も乾いて、爆発している。

時間は、午前八時半。私は顔も洗わず、あわてて服を着ると、部屋を飛び出た。焦っている時は、うまくいかない。フロントではチェックアウトの客の長い列ができていた。

「はい、どうぞ」

見かねてカウンターに新たに現れてくれた女性のフロント係に鍵を渡し、精算を済ませると、私は、飛ぶように駅前のバス停向かって走った。だが、足はなかなか思うように進まない。

間に合った。富山駅前午前九時発、富山空港経由総合運動公園行きの富山地方鉄道の路線バスは、前夜剃り忘れた無精ひげにボサボサ頭の私と、二日酔いの目でも十分に数えられるほどの少ない客を乗せて、駅前のロータリーを定時に出発した。

なぜ、急いだのか。私が向かう先に行くには、このバスを乗り過ごすと、また、翌日まで待たなければならないからである。

この日、私にはこのバスに乗って、どうしても行かなければならないところがあった。

富山県立イタイイタイ病資料館である。

三井金属鉱業神岡鉱業所の坑内で働く鉱山の男たちの楽団「神岡マイン・ニュー・アンサンブル」が大活躍した時代はまた、神岡鉱山から排出されたカドミウムによる公害病、「イタイイタイ病」が発生した時期でもあった。

光が強ければ、その影も濃い。

私は、「神岡マイン・ニュー・アンサンブル」の歴史を追いながら、その一方で、昭和三十年代から四十年代にかけて好景気に沸いた鉱山ブームの裏で起こってしまった、わが国最初の公害病「イタイイタイ病」についても知っておかなければいけないと思ったからであった。

午前九時三十一分、バスは「健康パーク前」に停車し、最後の客である私ひとりを降ろし、勢いよく去っていった。私といっしょに富山駅前から乗った客は、とうに降車している。少なくとも、最後の十分間は、私ひとりのために、バスは走っていた。これでは、一日一便もやむを得まい。

「バス停前に聳え立つ「とやま健康パーク」は、平成十一年に開館した「富山県民の健康づくり」のための施設で、健康づくりに必要な知識を学習する生命科学館、健康な身体を維持する天然温泉、プール、スポーツジムなどが併設されている。

「イタイイタイ病資料館」は、その一角にあった。しかし、それは、車でやってきた家族連れの歓声で賑わう天然温泉やプール、ジムとはいかにも不釣合いな建物であった。

ここになぜ、県民のための大がかりなレジャー施設に場違いな「イタイイタイ病」の記念館が建っているのか、その理由はすぐにわかった。

この資料館はもともと、「イタイイタイ病」の裁判での勝利を記念して、イタイイタイ病対策協議会が、昭和五十一年五月、被害地域であった富山市婦中町萩島に「清流会館」という名称で建設した建物であった。しかし、時の流れと共に公害への関心が薄れ、来館者がほとんどなく、そのため、資金難に陥り、存続が危ぶまれたために、協議会の県への度重なる陳情により、平成二十四年四月二十九日に、県立の資料館として、この「とやま健康パーク」内に新たに建設されたのであった。

思い起こせば、「イタイイタイ病」という言葉がはじめて地元紙の富山新聞に載ってから、すでに六十年の歳月が流れていた。裁判で、住民が全面勝利して、すでに四十五年。訪れる人が少なくなるのもやむを得なかった。

「いらっしゃいませ」

中に入ると、受付の若い女性の声が響いた。だが、やはり館内には、人の姿はない。展示物を説明するコーナー別の館内放送だけが、旅人である私を迎えてくれた。

「神通川は昔から神様が通る川とも言われていました。それは、神通川のもたらす自然の恵みが、人々の暮らしを豊かにしていたからです。神通川の流れは、長い年月をかけて土や砂を運び、よく肥えた土地をつくり出しました。また、清らかで水量も多い神通川では、鮎をはじめ、たくさんの魚がとれたので、漁をして暮らす人たちもいました」

「それに、昔はきれいな神通川の水を引いた農業用水から家の台所に水を引き込み、流域の人々は、その水で野菜を洗ったり、ご飯を炊いたり、生活用の水として使っていました。それがある時から、不思議なことが起こり始めたのです……」

次のコーナーに足を運ぶと、「イタイイタイ病の発生と被害」についての説明が始まった。

私は、朝七時と午後三時、そして夜の十一時に、トロッコに乗って神岡鉱山栃洞坑内深くまで入って行き、危険と背中合わせで働きながら、演奏を続けた「神岡マイン・ニュー・アンサンブル」のメンバーたちの顔を思い浮かべながら、「イタイイタイ病」の歴史をつぶさに追ってみることにした。

「イタイイタイ病」を世に知らしめたのは、神通川流域に住んでいた、ひとりの元軍医であった。名を萩野昇という。

萩野は大正四年生まれ。昭和十五年に旧制金沢医科大学（現・金沢大学医学部）を卒業後、すぐに軍医として応召。中国戦線での任務を終え、昭和二十一年に復員し、富山県婦負（ねい）郡熊野村の実家「萩野病院」を継いだ。

萩野家は代々医師の家系で、初代は富山藩前田家のご典医であり、昇の父、茂次郎は高松宮家の侍医だった。また、萩野家は広大な田畑、山林を持つ大地主で、小作人の数は二百人を超えていたと言われている。だが、萩野昇が復員した時は、すでにその面影はなかった。戦後の農地解放、多額の財産税、相続税をとられ、萩野家は没落し、まさに昇の帰還を家族は待ち望んでいたのであった。

昇の復員は、地元の人々をも喜ばせた。なぜなら、昇の父、茂次郎が戦時中に亡くなって以来、萩野病院は閉鎖。もともと熊野村（のちに合併して婦中町となる）には萩野病院以外に病院はなく、隣りの宮川村にもなかったし、はるかかなた神通川下流の鵜坂村まで行かなければ診てもらえなかったからであった。そこに、若先生が戻ってきた。ために、萩野病院に、村人たちはこぞって訪れ、昇の診察を受けた。

しばらくすると、昇は奇妙なことに気づいた。女性の患者の七割が一様に、体の激しい痛みを訴え、声をそろえて「痛い、痛い」と叫ぶのである。それも、一ヵ所でなく、ある者は足を、またある者は腕を、なかには骨盤の強烈な痛みを訴えた。

「先生、新患です。また、イタイイタイさんです」

看護婦は、こうした患者を「イタイイタイさん」と呼んでいた。

まだ、病院に来られる患者はよかった。激痛で歩けない患者や、寝たきりになってしまった病人のために、萩野はあたり一帯を往診したが、あまりに数が多く回りきれないため、患者たちを一ヵ所に集めて診察を行った。

萩野は六尺、三十貫の巨漢であった。往診には、馬の背に乗って行ったという。

この病気の患者は、神通川流域に住む四十歳以上の農村の主婦が大部分で、それも子供を多く産んだ者に多く見られた。また、同じ年齢の農家の主婦でも、他の地方から嫁いだ者は少なく、さらに調べを進めると、この地域から他に嫁いだ女性には発生していなかった。しかも、同じ神通川流域でも、熊野村を中心とした半径数キロ内の地区に限られていた。

もちろん、神通川下流の富山市内にはそのような患者はひとりもいないどころか、日本中どこを探しても、この地域以外にそんな症状を訴える患者はいなかった。そのため、この地独特の「風土病」

だと思われていた。

昭和三十年八月四日、富山新聞の朝刊の社会面のトップに、「イタイイタイ病」に関する記事がはじめて出た。

資料館にあった新聞記事をここで紹介する。


婦中町熊野地区の奇病「いたい、いたい」病にメス

これまで医学界に報告されていない奇病が婦中町熊野地帯に多数発生しているので日本医学界の権威たちが十二日大挙来県、正体究明のメスを入れることになった。

婦中町萩島、添島、蔵島の三地区（旧熊野村）に大正十二、三年ころから「イタイ、イタイ病」といわれる病気にかゝる者が多く、すでに百人余りが死亡、現在は重症者四十二人、初期とみられるもの六十三人がこの奇病に悩まされており、どうしてもなおらぬところから「業病」とあきらめている人さえいる。

この病気は最初は神経痛のように体の一部分に激しい痛みをおぼえ、二、三年たつと骨と筋肉が萎縮して、そのあげく骨がもろくなり、わずかの力が加わってもポキリと折れてしまうこともある。しかも骨と筋肉がキリキリといたむため患者はそのいたみにたえられず「いたい、いたい」と叫ぶところから「イタイイタイ病」といわれているもの。

この病気を最初に研究したのは同地区唯一の病院である萩野病院長萩野昇博士で昭和二十一年、

戦地から帰還後、モルモット、ウサギなどの動物実験や、レントゲン全身透視など慎重な研究を続け、また数年前から金沢大学病理学室の協力を求めて各種実験を行っているが、依然として病気の正体は不明であり、金大では萩野病とまでいっているほどである。

そこで同博士の提唱により遠藤県衛生部長ものりだしてこの奇病に徹底的なメスをいれることになり浅野婦中町長らと協議の結果、多額の経費を投じ、元東大病理学主任、現伝研細菌室主任細屋雄次博士やリウマチス研究の第一人者である元東大教授河野正治博士ほか十数名を迎えて十二日ごろから総合研究するという。（昭和三十年八月四日付富山新聞　原文のまま）

これがはじめて「イタイイタイ病」を世間に伝えた新聞記事である。

この年は、まえがきに書いたNHK紅白歌合戦において白組が「常磐炭坑節」、紅組が「三池炭坑節」を歌って大盛り上がりを見せた前年のことであり、「神岡マイン・ニュー・アンサンブル」も結成十周年を迎え、当時二十八歳だったリーダー、林正輝を中心に記念演奏会が栃洞の銀嶺会館で盛大に開かれていた頃である。

したがって、この時はまだ、「イタイイタイ病」と神岡鉱山の因果関係は何もわかっていない、まさに嵐の前の静けさであった。

ここまでの流れでいけば、先の細屋博士や河野博士といった元東大教授たちが集まったことにより、すぐに神岡鉱山との因果関係が明らかにされたように思えるが、興味深いことに、この時の調査結果では「栄養不良、過労、ビタミンDの不足、日照時間不足、産後の休養時間の短いこと、さらに、夫婦間のセックスが多すぎること」が、この奇病の原因とされたのである。

これに憤怒したのは、地元農民であった。

なぜなら、これでは、自分たちが住んでいる地域が、日本一劣悪な環境だと世間に公言したも同じだったからであった。

「イタイイタイ病」にかかるのは、嫁だけである。男はほとんどかからない。その原因が「栄養不良、過労、産後の休養時間が少ない、セックス過多」ということは、夫が嫁に満足に食事もさせず、朝から晩までこき使い、その上、過剰なる夫婦生活まで強いたために、嫁が「イタイイタイ」と叫びながら死んでいったと言っているようなものだったからである。

これでは、嫁の来手も貰い手もなくなるどころか、収穫した米も売れない。そして、萩野まで、「余計なことをして」「黙っとれ、騒ぐな」と地域住民から罵倒されたのであった。次第に萩野の病院を訪れる患者も減ってきた。「萩野のところにいくと、実験台にされるぞ」とも言われた。だが、萩野は、諦めなかった。「栄養不足や過労」などが原因なら、日本のどこかで同じような症例があっていいはずだ、と思い、研究を続けたのである。

なぜ、この地域だけに発生するのか。

地図を見ていて、萩野はあることに気がついた。それは、同じ神通川でありながら、この婦中町あたりは流れが緩慢で、上流から土砂を大量に運んでくるため、川が水田より高くなっている。

そのため、川から農業用水を引いて、その水をこの地域の住民は生活用水や飲料水に使っていることに気づいたのである。ここより上流は、急流のため、住民は川の水は使用できないし、ここより下は、熊野川や井田川が合流するので、たとえ鉱毒が含まれていても、希薄である。

つまり、なぜ、この地域だけで「イタイイタイ病」が発生するのか、その根拠がわかったのであっている。

た。萩野は、さっそく行動に移した。

三井金属鉱業神岡鉱業所が、はじめて萩野と会い、鉱山を案内したのは、昭和三十三年だと言われている。

この時、三井は、逃げも隠れもしないばかりか、「どうぞ見学してください」と萩野に門戸を開放したのである。なぜ、そこまでしたのだろうか。

実は、三井金属鉱業神岡鉱業所は、明治大正時代に、鉱毒による農業被害のため、地元農家に補助金を出し、さらに戦後は、通産省の指示により、鉱毒を垂れ流さないためのダムを作って、神通川流域の住民たちへの配慮をきちんとしてきたという、日本を代表する大企業の「環境への配慮」への自負があったからである。「やるべきことはやっている」という企業倫理がそうさせたのである。

それでも、昭和三十六年、農学者吉岡金市、岡山大学の水質学の研究者小林純と共同研究をしていた萩野は、ついに、「イタイイタイ病」の原因が、上流の三井金属鉱業神岡鉱業所から排出されるカドミウムであると発表したのである。

だが、日本の医学界は、無名の田舎の医者や学者の説など相手にしなかった。なぜなら、萩野の論文には、「なぜ、女性だけがかかるのか」医学的な証拠がないこと、「どんな具体的な実験をして、そうした結論を導き出したのか」などその理論の根拠が書かれていないということであった。

昭和三十六年と言えば、「神岡マイン・ニュー・アンサンブル」は中部産業音楽祭に三年連続出場し、もちろんすべて優秀賞を受賞。なんと、NHK第一スタジオにおいて彼らの演奏が録音され、全国放送された年であった。バンドマスターの林正輝は、さぞうれしかっただろうと思う。だが、その一方で、林たちが働く鉱山から流れ出た有毒物質の被害が広まっていることを、メンバーの誰も知る由もなかった。

資料館を歩いていると、私には、次第にその時代の状況が呑み込めてきた。

「イタイイタイ病」が発生した時代、三井金属鉱業神岡鉱業所に、光が燦々と当たっていた。それは、まるで南国の夏の太陽のように、キラキラとあたりを輝かせていた。折からの好景気で鉱山は沸きに沸いていた。そのため、鉱山には高給を求めて、働き手がひっきりなしに訪れた。掘れば、金になった。

「イタイイタイ病」を見つけた萩野昇がはじめて神岡鉱山を見学した昭和三十三年、栃洞の従業員の社宅には、電気製品が揃っていたし、テレビもほとんどの家庭にあった。もちろん、水道も完備していた。さらに、そのうえ、鉱山の楽団の演奏がＮＨＫの電波に乗って、全国に流れるなど誰が思っただろうか。ヘルメットをかぶり、毎日、ダイナマイトをかけて掘り進む坑夫たちのバンド「神岡マイン・ニュー・アンサンブル」こそ、鉱山労働者やその家族の誇りだった。

しかし、同じ時期に萩野が往診する神通川流域の婦中町では、農業用水が生活用水を兼ね、竈(へっつい)での飯炊きも農業用水を使って炊いたし、その農業用水の水は、飲料水として使用されていたという。

住民の記憶によれば、婦中町に水道が引かれたのは、昭和四十年以降だといわれている。一方、その頃には鉱山のある山の上では、すでに水洗便所があったことを考え合わせると、まさに光と影である。

しかも、炊事や飲料水として用いたその農業用水にカドミウムが含まれていたとすれば、「イタイイタイ病」は、ある意味、必然の結果かもしれない。カドミウムの含まれた水を使って稲を育てた。

その米をやはりその水で炊いた。それを毎日、食べただけでなく、その水を飲料水としても使っていた……。

もし、この時、この町が栃洞の通洞の社宅のように、せめて、水道や水洗便所が完備されていたら、どうだっただろうか、いまとなっては何を言っても無駄である。

私は、ここまで理解すると、次のコーナーに向かった。そこでは「住民たちの戦い」の様子がパネルになって展示されていた。

「神岡マイン・ニュー・アンサンブル」が東京の共立講堂で演奏し、一躍、全国区に踊り出た翌年の昭和四十一年十一月、小松義久を代表とする「イタイイタイ病」対策協議会が結成された。

小松は、祖母を「イタイイタイ病」で亡くし、母もまたこの病気で苦しんでいた。

彼は、萩野や小林教授の講演会を企画し、住民が立ち上がるべきだと訴えた。

しかし、仲間はなかなか集まらなかった。協議会に入るということは、彼らにとっては、自分の母親や嫁が「奇病」や「業病」であることを世間に告白するのと同じであった。さらに、当時、巷間では遺伝説すら流れていた。年頃の娘を持つ親たちは、娘が結婚できないことを恐れた。また「あの家は、補償金目当て」と噂されることも怖かった。

半年後、被害者三十名が神岡鉱業所に勇気を出して、交渉に出かけた。三井側はきちんと話は聞いてくれたが、それ以上は裁判で決着をつけるしかなかった。対策協議会は、富山県にも協力を訴えた。だが、企業誘致を優先していた県側も、乗り気ではなかった。

あとは裁判をするしかない。だが、天下の三井を相手に、地方のちっぽけな被害者団体が勝てるわけもなかったし、第一、裁判が長期化すれば、裁判費用すら出せなくなるのは自明の理であった。

だが、この頃、「イタイイタイ病」のニュースは、いつの間にか、全国に広まっていた。アヒルのように歩く老婆の姿、歩けなくなり寝たきりでも「痛い、痛い」と叫ぶ女性の姿が一般のお茶の間に流れれば、事態は大きく変わってくる。

「イタイイタイ病」対策協議会は、司法に委ねる決意を固めた。だが、それに備えていたかのように、三井金属鉱業側も日本を代表する大物弁護士たちで組織する大弁護団を組んだ。このままでは、住民側に勝ち目はなかった。だが、住民側に勇気ある若手弁護士団が集まった。彼らは、弁護士になってまだ一年、二年という若造だった。だが、彼らには、「正義感」という強力な武器があった。

展示されたパネルによれば、昭和四十三年三月九日、富山地方裁判所に二十八人の原告が三井金属鉱業神岡鉱業所を相手に提訴した。「イタイイタイ病」訴訟がはじまったのであった。

この時、ついに国が動き出した。以前から独自の調査をはじめていた厚生省がこの年の五月八日、次のような見解を発表したのである。

イタイイタイ病の本態はカドミウムの慢性中毒により、腎臓障害を生じ、次いで、骨軟化症を来たし、これに妊娠、授乳、内分泌の変調、老化および栄養としてのカルシウムなどの不足が誘因となって、イタイイタイ病という疾患を形成したものである。

慢性中毒の原因物質として、患者発症地を汚染しているカドミウムについては、神通川上流の三井金属鉱業株式会社神岡鉱業所の事業活動に伴って排出されたもの以外には見当たらない。

骨軟化症や骨粗しょう症は、女性に多いとされる。それは、妊娠や授乳などによるカルシウムの不足が原因である。ところが、もともとカドミウムによって侵された腎臓の障害があると、骨軟化症になりやすく、骨に激しい痛みが生じるようになる。症例が女性に圧倒的に多いのは、そうした理由からである。

そのカドミウムは、神岡鉱山から神通川に流れ出たものだから、三井金属鉱業神岡鉱業所が「イタイイタイ病」の原因企業である、と言っているのだ。

これによって、「イタイイタイ病」は、政府によって認定された日本の公害病の第一号となったのである。

これから約二週間後の五月二十四日、第一回の公判が行われた。三井金属鉱業側は、「カドミウムがイタイイタイ病の原因だとしても、神岡鉱業所がどれだけ関与したか不明である」と主張した。

この頃、「神岡マイン・ニュー・アンサンブル」は絶頂期を迎えようとしていた。

一年に四回の定期演奏会、春・秋の文化祭、クリスマスのダンスパーティー、毎年行われる中部産業音楽祭への出演、さらには病院や施設、学校、三井金属関連の地方鉱山への慰問など、充実した毎日を送っていた。

そして、厚生省の発表した二年後の昭和四十五年十一月には、林正輝以下二十五名のメンバーで、結成二十五周年記念演奏会を銀嶺会館と神岡会館の二ヶ所で行っている。

光は、まだ鉱山を照らしていたのだろうか。

そして、結成二十五周年演奏会の半年後の、昭和四十六年三月、「神岡マイン・ニュー・アンサンブル」は、なんと本社から社長賞を授与されている。

文面を書いておこう。

表彰状
神岡マイン・ニュー・アンサンブル殿

貴楽団はアマチュアとしては最高の技倆を
身につけ音楽を通じて二十五年の長きに
わたり地域社会の福祉および文化の発展に
寄与し会社の名誉を高めました
その功績はきわめて顕著でありますので
表彰いたします

昭和四十六年三月十二日
三井金属鉱業株式会社
社長　尾本信平

私は、「神岡マイン・ニュー・アンサンブル」のかつてのメンバーに「イタイイタイ病」について聞いた。だが、誰もが、その話になると沈黙を守った。しかし、その顔は言いたいことがたくさんあるが、我慢している顔であった。確かに、聞いたところで彼らが何かを言える立場ではなかったかもしれない。

「神岡マイン・ニュー・アンサンブル」のメンバーが東京・日本橋の三井金属鉱業の本社で社長賞を授与されてから三ヵ月後の昭和四十六年六月三十日、「イタイイタイ病」裁判は、原告の全面勝利となり、三井は即日控訴。だが、翌年の昭和四十七年八月九日、名古屋高裁金沢支部で行われた控訴審も、原告が全面勝利をした。

この判決を受け、三井は潔く罪を認め、上告を断念した。日本の公害裁判史上、はじめて原告が企業に勝利した瞬間だった。この判決の後、新潟水俣病、四日市ぜんそく、熊本水俣病でも、原告が勝利している。

判決確定後、三井金属鉱業神岡鉱業所による患者全員の補償がはじまった。同時に「イタイイタイ病」発生地の過去将来の農業被害を補償し、土壌汚染復元費の全額負担を行い、さらに専門家の立入調査に応じ、要求された公害関係資料はすべて提出するという覚書が交わされた。三井金属鉱業の補償額は、二十数億円と言われているが、定かではない。

時代が大きく変わったのである。

神岡鉱山の上に、真夏の太陽のように降り注いでいたあの光が、この裁判を契機に一気に弱くなり、夕陽が北アルプスの山脈（やまなみ）に消えていくように、これから以後の三井金属鉱業神岡鉱業所は残光のなか、次第に影だけが濃くなっていった。

合理化によるリストラの嵐が吹いたのも、それから数年後のこと。それにともない、「神岡マイン・ニュー・アンサンブル」もその影が薄くなり、やがて消えていった。三井金属鉱業に守られ、愛されてきた「鉱山の楽団」の歴史もまた、会社の光とともにあったにちがいない。

私は最後の案内板の前に立った。このコーナーを説明するパネルには、こうあった。

「立入調査では、当初、住民と原因企業との間には、裁判当時のような張りつめた関係が続いていましたが、企業側も次第に真剣に受け止め、ともに改善に取り組むようになったため、〝緊張感ある信頼関係〟が築かれるようになりました。一方、県では健康被害対策を継続的に実施するとともに、多くの関係者の努力により、広大な汚染農地を豊かに実る田園地帯によみがえらせました。このように、住民、原因企業、行政がともになって環境被害を克服してきた歴史は、世界に誇れるものだといえます」

この立入検査も、神通川流域カドミウム被害団体連絡協議会と三井金属鉱業株式会社との、平成二十五年十二月十七日付の全面解決の合意文書の調印により終わった。

いま、神通川は清流である。

その流域は、春には青々とした水田風景が広がり、秋には黄金色の稲穂に埋め尽くされる。

一方、あの賑やかだった栃洞は、廃墟と化している。しかし、栃洞は消えても、神岡鉱山は、「スーパーカミオカンデ」で生まれ変わった。

本文中に、子供時代の栃洞の思い出を書いてくれ、いまでも栃洞の和佐保に住んでいる中田廣治の文章を最後にもう一度、紹介しよう。

現在は、このいろいろな思い出のある栃洞地区も鉱石（亜鉛・鉛・銀他）の有資源を掘り尽くし、時代の流れには逆らえず廃墟の地区となりました。

それでも春になり、雪が消えた頃、「昔、鉱山で働き、ここに住んでいたんですよ、懐かしくて見に来ましたよ」と言って来訪され、廃墟と化した社宅群を見て、ご夫婦で昔の思い出を涙を流しながら語っていかれる方も見えます。

二度と復活することのない鉱山の宿命！ 寂しいかぎりです。

私は現在も和佐保に住んでいます。懐かしく来訪されることがあれば、ぜひ寄って現況を聞かせてください。

中田廣治

光が消えれば、影も消える。

この本を読んで、「消えた風景」が蜃気楼のように少しでも見えてきたら幸いである。

執筆にあたって、実にたくさんの方々にご協力をいただいた。また、取材に同行してくれた妻まさ子に心から感謝したい。

平成二十八年初夏

小田豊二

［取材協力］
荒井豊・石川るみ子・井上春代・井上隆平・上田俊郎・大坪隆志・小川都・織原進・木村健郎・小櫻美恵子・阪下多佳子・阪下幸雄・茂利昌彦・清水由美子・角谷昌樹・中川哲夫・中田廣治・南部直登・登林良子・橋詰健治・橋詰外幸・橋詰廣史・林正樹・古田隆昭・真殿達・水本重夫・宮岡成次・室屋清一・森清春・森田啓子

［参考文献］
神岡鉱山写真史　三井金属鉱業株式会社
神岡鉱業株式会社創業１４０周年　神岡鉱業株式会社
「天狗の団扇」発電所　神岡鉱業株式会社
三井のアルミ製錬と電力事業　宮岡成次　カロス出版
東京大学宇宙線研究所　神岡宇宙素粒子研究施設　東京大学宇宙線研究所
ニュートリノで探る宇宙と素粒子　梶田隆章　平凡社
栃洞校史（栃洞学校閉校記念誌）　栃洞小学校閉校記念実行委員会記念事業部編
消えた風景　坂下明写真集
雪の中の案山子　泣き笑いの七十五年　木村健次
心のふるさと「とちぼら」の残照　巣之内武／心のふるさと　無住の町「とちぼら」の残照　第二集　巣之内武
昭和の町、神岡　カオスの街並み　室屋清一
ラテン音楽名曲名演ベスト１１１　竹村淳　アルテスパブリッシング
ぼくらのラテン・ミュージック　青木誠　リットーミュージック
進駐軍クラブから歌謡曲へ　東谷護　みすず書房
日劇　栄光の半世紀　平田伊都子企画　橋本与志夫監修　白帝社
東京の俳優　柄本明　聞き書き　小田豊二　集英社

死ぬ前に言っとこ　淡路恵子　廣済堂出版
カバー写真提供　橋詰廣史
表紙写真撮影　大和円次

著者略歴
昭和二十年　旧満洲ハルビン市生まれ。

早稲田大学第一政治経済学部卒業。

出版社・デザイン会社勤務を経て、故井上ひさし率いる劇団「こまつ座」創立に参加。機関誌「the座」元編集長。

著書に『フォートンの国』（そしえて）、『聞く技術・書く技術』（PHP）、『日曜日のハローワーク』（東京書籍）など。

聞き書き作品に『勘九郎芝居ばなし』（朝日新聞社）、『のり平のパーッといきましょう』（小学館）、『福本清三　どこかで誰かが見ていてくれる』（集英社）など。

鉱山（ヤマ）のビッグバンド

二〇一六年七月一五日　印刷
二〇一六年八月一〇日　発行

著　者 ©　小田（おだ）豊二（とよじ）
発行者　及　川　直　志
印刷所　株式会社　理　想　社
発行所　株式会社　白　水　社

東京都千代田区神田小川町三の二四
電話　営業部〇三（三二九一）七八一一
　　　編集部〇三（三二九一）七八二一
振替　〇〇一九〇―五―三三二二八
郵便番号一〇一―〇〇五二
http://www.hakusuisha.co.jp
乱丁・落丁本は、送料小社負担にてお取り替えいたします。

株式会社松岳社

ISBN 978-4-560-09260-6

Printed in Japan